Collection

de

Monsieur E.-L. M*** [ONTEFIORE]

COLLECTION E.-L. M***

CONDITIONS DE LA VENTE

--- ------

Elle sera faite au comptant.

Les adjudicataires payeront cinq pour cent en sus des enchères, applicables aux frais.

Le titre des métaux précieux n'est pas garanti.

L'exposition permettant aux amateurs de se rendre compte de l'état des objets, il ne sera admis aucune réclamation pour avaries ou tout autre motif.

OBJETS
d'Art Japonais

PROVENANT

Du Cabinet de Monsieur E.-L. M***

QUI SERONT VENDUS A PARIS

A L'HOTEL DES COMMISSAIRES-PRISEURS

9, RUE DROUOT, SALLE N° 7

Du Jeudi 17 au Samedi 19 et le Lundi 21 Mai 1894
à deux heures précises

PAR LE MINISTÈRE

De Mᵉ **PAUL CHEVALLIER**, Commissaire-Priseur, 11, rue Grange-Batelière

AVEC L'ASSISTANCE

De M. **S. BING**, rue de Provence, 22

EXPOSITIONS

<table>
<tr><td>PARTICULIÈRE</td><td>PUBLIQUE</td></tr>
<tr><td>Chez S. BING, 22, rue de Provence</td><td>A l'Hôtel des Commissaires-Priseurs</td></tr>
<tr><td>Les</td><td>Le Mercredi 16</td></tr>
<tr><td>SAMEDI 12 ET MARDI 15 MAI</td><td>ET POUR LES PEINTURES, ESTAMPES ET LIVRES</td></tr>
<tr><td>de 1 heure à 5 heures</td><td>Le Dimanche 20 Mai de 1 heure à 6 heures</td></tr>
</table>

ARMES

----

1. **Armure** complète d'un guerrier japonais de haut rang. Le poitrail
de la cuirasse, en fer, porte, dans un admirable travail de repoussé,
une scène mythologique représentant, debout sur un rocher
au milieu des flots écumants, un personnage ailé et armé de
griffes, qui brandit son glaive. Les brassards sont ornés, sur un
fond de mailles, d'un semis de petites plaques en fer repercé
d'un *mon* et de manchons ajourés de caractères archaïques. Le
casque est surmonté d'ailerons et flanqué de deux volutes.

    Sur la cuirasse, inscription : MIOTSHIN SHIKIBOU KINO MOU-
NÉAKIRA, *de la province de Moussashi. Kiobô 1er. année du singe,
8e mois.*

2. **Armure** complète d'un seigneur japonais. La cuirasse, en fer,
porte un dragon d'or et d'argent et les brassards sont décorés
d'un travail analogue.

3. **Paire de brassards** en mailles avec applications de trente
plaques de métal niellé, d'une admirable exécution. Certaines de
ces plaques circulaires portent gravés ou incrustés des *mon* variés,
entre autres le chrysanthème et le paulownia impériaux. Une
autre plaque porte le mystérieux signe *swastika :* les demi-gantelets
en fer sont merveilleusement niellés de pivoines d'argent.

    Ces deux pièces sont absolument remarquables.

4. **Fusil** à canon damasquiné de dragons et de nuages, avec le *mon*
à fleurs de paulownia.

5. **Trois lances.** *a*. Lance à manche de bois garni de burgau à sa partie supérieure. Le fer, séparé du manche par une garde, est long de 0^m,82, gravé sur une face d'une sentence en caractères archaïques, l'autre d'un dragon ciselé en plein acier avec une remarquable sûreté de main. Le couvre-fer est laqué d'or.

Longueur totale : 2^m,45.

b. Lance à manche de bois laqué de rouge à sa partie supérieure. Fer droit triangulaire long de 0^m,71, portant sur une des faces un ornement symbolique profondément creusé et doré. Couvre-fer en laque rouge.

Longueur totale : 2^m,46.

c. Lance à manche de bois laqué de noir à sa partie supérieure. Fer recourbé, long de 0^m,41, creusé d'une gorge sur les deux faces. Couvre-fer en laque décoré d'un *mon* doré.

Longueur totale : 2^m,24.

6. **Petite lance** dont le fer est traversé à sa base d'un croissant formant arrêt et gravé d'un dragon crachant une flamme; manche laqué de rouge.

Longueur totale. 1^m,18.

7 à 9. **Collection de neuf fers de lances** de formes diverses.

10. **Pistolet** à canon incrusté d'argent, motif de tortue dans les algues.

CASQUES

11. **Casque** en fer, du xvie siècle, décoré de six arêtes en forme de flammèches se réunissant au sommet. Pièce remarquable d'une curieuse ingéniosité de décor.

Voir l'*Art japonais*, t. II, p. 123.

12. **Casque** du xviie siècle, formé de trois feuilles de mauve en fer repoussé. Sur les tempes deux ailettes portent aussi en relief doré

la feuille de mauve des Tokougawa. A l'intérieur se trouve la signature *Nagatsuné Masanori, d'Etchizen*.

Ce casque est une des plus belles pièces d'armurerie japonaise que l'on connaisse. M. Louis Gonse l'a, ainsi que le précédent, décrit et représenté dans son *Art japonais*, p. 121.

13. **Casque** en fer repoussé, figurant une chimère dont la tête en ronde bosse se dresse sur le frontal, entre deux cornes ornemanisées, qui prolongent une frise de pivoines ciselées, d'un travail large et puissant.

Pièce de haute qualité, reproduite dans l'*Art japonai.*, p. 121.

14. **Casque** en fer, en forme d'un bonnet de daïmio, avec deux lames de couteaux dressées sur le front comme des cornes.

Signature à l'intérieur : Mocxémitsou, huitième Miotshin (xive siècle).

15. **Casque** en fer, en forme de coquille conique, dont les aspérités sont reproduites au marteau.

16. **Casque** en bronze, d'une riche exécution, à décor de feuilles de paulownia répétées sur les ailettes et sur le cimier en argent.

16 *bis*. **Casque** en fer, en forme de coquille univalve avec, au turban, un rang de pointes repoussées.

De la fabrique des Miotshin.

SABRES

17. **Grand sabre.** Lame d'une extrême beauté, longue de 0^m.50, signée sur la soie Sanémori, célèbre armurier du ixe siècle. Cette pièce, parfaitement intacte, a été décrite par M. Gonse : « *La lame la plus remarquable appartient à M. Montefiore et porte la signature illustre de Sanémori. Cette lame de mille ans est d'une conservation irréprochable : la monture en or et shakoudo est de Goto Injio.* » *Art japonais*, t. II, p. 133.

La poignée en galuchat et le fourreau recouvert d'un simple

laque noir de superbe qualité sont garnis d'une monture de grande richesse. La garde représente, en shakoudo ciselé enrichi d'or, deux figures divines, la tisseuse des nuages et un personnage accompagné d'un buffle. L'envers, plaqué d'or, est gravé d'une ronde de danseurs dans le style de Ghenrokou. Les autres pièces de la monture et accessoires, au nombre de dix, offrent, sur un fond de shakoudo granulé et nuagé de rouge, une végétation de fleurs des champs finement ciselées.

18. Grand sabre de cérémonie: belle lame, très légèrement recourbée, longue de 0ᵐ,80, dans un somptueux fourreau de laque vert aventuriné de burgau. Il est décoré d'un grand oiseau de Hô, laque d'or et d'argent, à longues plumes flottantes et de nuages d'argent. La poignée, en shakoudo côtelé, est enrichie, ainsi que le fourreau, d'une importante garniture en argent ciselé du paulownia impérial, d'une cigogne dans les nuages, ou de l'oiseau de Hô. Seule la garde, décorée sur une face d'un guerrier à cheval au milieu des flots, sur l'autre de troncs d'arbres et de feuillage, est en shakoudo à incrustations d'or.

> Ce sabre a été offert par le Mikado à un envoyé européen
> Un des deux cache-rivet manque.

19. Grand sabre. Lame de Soukesada dans un fourreau en laque noir légèrement aventuriné de vert. Sur la poignée, une tresse de soie verte recouvre en partie le galuchat et maintient deux ménoukis, un crâne en argent et un corbeau en shakoudo. Les cinq autres pièces de la garniture, en argent et en sentokou incrustés, représentent également des emblèmes de mort tels que crânes, ossements, corbeaux, etc.

Sur la lame du kodzuka, signature de SOUKESADA YEIROKOU (1560).

20. Grand sabre. Lame de KIYOMITSU, portant, gravés d'un trait vigoureux, d'un côté une branche de pin, de l'autre un rameau de cerisier en fleurs. De chaque côté du fourreau, qui est en laque brun rouge, court une fine bande de shibuitshi simulant deux petites branches de bambou. La garniture en shibuitshi, à incrustations

de bronze et d'or, figure des dieux et des attributs de divinité. La
garde, en métal ajouré, et le bout de sabre offrent des motifs de
chrysanthèmes, de fleurs de cerisier et de bambou.

21. **Petit sabre.** Lame de Takemitsu, creusée sur chaque face de
deux longues rigoles. Le fourreau est en laque noir saupoudré
d'or et délicatement usé, laissant apparaître un décor de quelques
plumes naturelles. Les ménoukis et le kashira en or et shakoudo,
figurent des sujets bouddhiques. La garde en bronze rouge rehaussé
de shakoudo et d'or, et le manche en sentokou du kodzuka sont
décorés, l'un d'un cerf bramant à la lune, l'autre d'un vol d'oies
dans le ciel. Sous le kodzuka une plaque en métal fixée au fourreau offre l'inscription suivante :

*« A l'occasion de l'héritage de notre prince il m'a fait cadeau
d'un grand sabre : pour le remercier j'ai fait faire ce petit sabre sur
le même modèle ; je garde les deux dans l'espoir qu'ils dureront
toujours. » Signé : SENKEMORO.*

22. **Grand sabre.** Lame d'une belle trempe nuagée. Fourreau laqué
brun rouge avec un semis de quelques fleurs de cerisier et pétales
d'argent ; la garde est en fer ajouré et incrusté d'or, représentant des guerriers en bataille. Les autres pièces de la garniture,
également en fer incrusté, sont à motif de chimère sous les bambous.

23. **Petit sabre** formant la paire avec le précédent et décoré de
même. Il porte de plus un kodzuka à manche de shibuitshi,
avec incrustations d'or. ciselé d'une carpe dans les flots. La lame
est incisée d'un dragon.

24. **Grand sabre.** Poignée et fourreau en métal blanc, gravé d'un
décor de rinceaux ; les deux menouki portent le *mon* des Tokougawa.

25. **Grand sabre.** Ancienne lame ; la poignée et le fourreau sont
entièrement recouverts en cuir de Cordoue ; la garniture de dix
pièces est en fer incrusté d'or avec un motif de fleur stylisée. La
garde à tranche gravée d'or est décorée d'un relief de fleurs de
cerisier ciselées dans le fer.

26. **Grand sabre.** Sur chaque face de la lame est vigoureusement
gravé un dragon rampant. Un décor analogue est répété sur chacune
des pièces de la garniture en shakoudo granulé incrusté d'or,
garde, anneau, menouki et bout de sabre. Le fourreau est en
laque rouge brun simulant le bois.

27. **Grand sabre.** Lame à double tranchant, creusée sur chaque face
d'une longue rigole. La poignée et le fourreau, recouverts en
peau de requin, sont garnis d'une vieille monture en bronze
d'un beau caractère archaïque.

28. **Grand sabre.** Belle lame, de forme particulière, s'aplatissant
brusquement à o^m,25 de l'extrémité pour se terminer en pointe
triangulaire. Le fourreau en laque richement aventuriné est
décoré d'un *mon* en forme de fleur de cerisier. La poignée en
argent gravé, ainsi que la garniture, portent les mêmes armoiries.

29. **Grand sabre.** La lame montée dans un manchon d'or travaillé,
est gravée d'un côté d'une épée bouddhique à deux tranchants,
de l'autre d'un dragon. Une étoffe bleue brochée d'or que cache
presque entièrement une longue tresse de soie bleue, recouvre
la poignée et une partie du fourreau. L'autre partie, sur fond
de laque aventuriné, offre plusieurs motifs circulaires d'oiseaux
et de fleurs en laque d'or. La garniture, en shakoudo rehaussé
d'un fin pailleté d'or, porte un riche décor de cigognes, de
fleurs, ou d'oiseaux de Hô.

30. **Grand sabre.** Fourreau en laque noir légèrement granulé. Une
tresse en soie claire maintient, appliqués sur le galuchat, deux
menouki en fer et en or; le bout, de même métal, est ciselé
de fleurs de chrysanthèmes; garde en fer ajouré.

31. **Petit sabre.** Lame partiellement laquée. Le fourreau est en
laque brun, la poignée est laquée de nuages d'or. La garniture
de huit pièces est en bronze portant un décor de vagues. Le
manche du kodzuka est décoré d'une branche de pin au-dessus
des flots.

32. Petit sabre. Lame très recourbée; le fourreau, strié en hélice, est plus long que la lame, il s'élargit vers le bout en forme de yatagan. A 8 centimètres de l'extrémité, un ajour en forme de niche abrite un dragon de bronze. La poignée est décorée de ménoukis cloisonnés en émaux translucides. Garniture de cinq pièces en shibuitshi. Le kodzuka et le kogaï sont également décorés d'émaux.

33. Petit sabre. Lame d'une belle trempe nuagée. Le fourreau d'un travail remarquable est en coquille d'œuf. La poignée est en galuchat recouvert de tresse havane, ménoukis en or représentant des dragons. La garde est ornée de chrysanthèmes à jour. Garniture de trois pièces en shakoudo granulé décoré de dragons d'or.

34. Petit sabre. Lame du XVIe siècle, d'une superbe trempe nuagée et en parfait état de conservation. Le fourreau en laque noir saupoudré d'or porte un décor d'herbes, de fleurettes et d'insectes. Poignée en galuchat recouvert d'une tresse noire. Garniture de sept pièces, à décor de chrysanthèmes incrustés de pierres de couleur. La lame du kodzuka porte un décor de chrysanthèmes gravés.

POIGNARDS

35. Poignard. Lame à double tranchant, gravée sur une face d'un dragon et sur l'autre d'un caractère. Poignée et fourreau laque noir décoré d'un *mon* en laque d'or; garnitures shibuitshi portant le même *mon*.

36. Poignard. Lame de très belle qualité, en parfait état de conservation, fourreau et poignée en laque noir uni, kodzuka à manche de bois orné d'une chimère en métal.

37. **Poignard.** Lame courte, fourreau en laque noir décoré de feuilles d'érable rouges en laque usé, poignée en bois laqué imitant une tresse serrée, garniture en fer décoré de vagues sur lesquelles flottent des fleurettes incrustées en or. Kodzuka en shibuitshi décoré de deux fleurs de paulownia stylisées, kogaï en forme de petite épée à deux tranchants.

38. **Poignard.** Lame droite, en parfait état, fourreau annelé en laque noir aventuriné de burgau, poignée en galuchat recouvert d'une tresse en soie noire, recouvrant deux ménoukis en or, formés de quelques pétales de chrysanthèmes. Garniture de chrysanthèmes en argent ciselé. Kodzuka en argent gravé d'une branche de cerisier en fleurs. Kogaï en argent représentant une double tige de bambou.

39. **Poignard.** Lame droite, fourreau annelé en laque rouge brun marbré de noir ; poignée en laque brun. Garniture en shakoudo incrusté de feuilles et de vrilles en or ; petite garde en fer décorée d'une libellule d'or. Kodzuka en bronze, décoré d'une libellule en shibuitshi sur fond granulé.

40. **Poignard.** Lame formée d'un fer de lance à trois pans ; sur l'un des pans une gouttière laquée de rouge. Fourreau à annelures en laques différents. Poignée en galuchat recouvert de tresse, deux ménoukis de bronze en forme de haches ; garnitures en fer incrusté d'un décor de paulownia et de glycines en or ; petite garde en fer à quatre doubles lobes.

41. **Poignard.** Lame droite, fourreau laque noir décoré de chrysanthèmes en léger relief de laque noir, poignée en galuchat recouvert de tresse noire, garniture complète en argent ciselé de chrysanthèmes.

42. **Poignard.** Lame droite, fourreau et poignée en galuchat laqué rouge, garniture en fer niellé d'or.

Il manque une des petites pièces de la garniture.

13. **Poignard.** Lame droite, fourreau annelé en laque noir, poignée recouverte de fibre de bambou enroulée et laquée de noir, ménouki en forme de cheval, garniture shibuitshi avec décor de vagues en relief; le bout, de même métal, est décoré d'un faucon.

14. **Poignard.** Lame gravée d'un côté d'une épée bouddhique, de l'autre de deux rigoles parallèles; fourreau en bois naturel décoré d'armoiries. Garniture de sept pièces en argent.

15. **Poignard.** Lame à double tranchant, fourreau et poignée en bois naturel à cannelures, garniture de six pièces en bronze frotté d'or, à décor de vagues stylisées.

   Il manque une pièce de la garniture.

16. **Poignard.** Lame courte à double tranchant, fourreau en bois naturel orné de deux appliques en shibuitshi représentant des carpes, poignée en fibre de bambou laquée avec ménouki en forme de coquillages. Garniture six pièces argent.

17. **Petit poignard.** Lame à double tranchant, fourreau, poignée et garnitures en argent et or ciselés, représentant deux saints bouddhiques dont l'un élève une coupe; un dragon en sort, qui s'élève dans les nuages.

18. **Petit poignard.** Courte lame droite, fourreau en laque noir, aventuriné d'or et de burgau; poignée en galuchat recouvert de tresse noire; garniture huit pièces shibuitshi ou fer incrusté d'écrans à main en or.

LAMES

49. **Quatre lames de sabres.**

50. **Lame de sabre.** Elle est gravée d'un dragon indiqué avec une grande délicatesse par petits coups de burin. De l'autre côté deux gouttières parallèles.

Signature : KOUNITSOUGOU.

51. **Lame de sabre.** Cette superbe pièce, d'une remarquable trempe nuagée, et parfaitement conservée, est signée MASSAMOUNÉ. Elle porte sur une face, profondément gravée dans un cartouche, la figure de Foudô devant une cascade. Le manchon lui-même, en shibuitshi, est d'un travail particulièrement soigné.

FOURREAUX DE SABRE

52. **Fourreau** en bois naturel avec son écorce, imitant une branche. A la partie inférieure un serpent en argent s'enroule dressant la tête vers le haut du fourreau. Travail en relief d'une grande souplesse. L'anneau en bronze est formé d'un champignon sur lequel grimpe une araignée.

Signature : HORIYA TOSHIMITSU.

Voir l'Art japonais, t. II, p. 136.

53. **Fourreau** en laque noir trotté d'or ; le bout du fourreau est garni d'un serpent en shibuitshi. A l'orifice ménagé pour le kodzuka, une guêpe de shakoudo aux ailes incrustées d'or.

POIGNÉES DE SABRE

54. **Poignée de petit sabre,** en galuchat presque entièrement recouvert d'une fine tresse en fibre de bambou. Deux appliques shibuitshi : l'une représente des gerbes de riz derrière lesquelles un vieillard surveille un piège tendu au renard. Celui-ci, dans l'autre face, s'enfuit en tournant la tête. L'anneau et le bout, en bronze, sont décorés de gerbes et de plantes en or.

55. **Poignée de petit sabre** en bois sculpté représentant en haut relief une famille de singes s'ébattant dans les vignes.
    Signé : KAÏGHETSUTEÏ.

56. **Poignée de petit sabre,** en shibuitshi incrusté d'or. Travail robuste, représentant un dragon dans les nuages.

57. **Poignée de grand sabre,** en galuchat. Bout et anneau en fer avec incrustations représentant des personnages et des dieux dans un paysage rocheux. Deux ménoukis shakoudo et or, représentant le dieu aux têtes multiples debout sur le sanglier.
    Le bout est signé : HOKENSAÏ-KATSU.

58. **—** en galuchat partiellement recouvert de tresse de soie. Bout en shibuitshi, shakoudo et or représentant des guerriers à cheval combattant au milieu des flots. Deux ménoukis en shakoudo et or formés chacun d'un guerrier en bateau.

59. **Bout de fourreau,** en fer incrusté d'or représentant en relief les deux musiciennes célestes au milieu des nuages, l'une tenant une fleur de lotus et l'autre un instrument de musique.

60. **Bout de fourreau** en bois laqué. Sur une face applique en bronze représentant une araignée dans sa toile, sur l'autre face une guêpe en shakoudo incrusté d'or. Bout en shakoudo décoré de deux libellules.

GARDES DE SABRE [1]

61. **Garde** en sentokou incrusté de coléoptères en bronze.
Signature : Gôto Mitsuhiro.

62. — en sentokou strié, portant cinq médaillons gravés d'animaux fabuleux.
Signature : Mitsuhiro, *de Hizen.*

63. — en fer découpé et rehaussé d'or; carpe remontant les flots.
Signature : Kikoutchi Djokokou.
Voir l'Art japonais. t. II, p. 163.

64. — en sentokou ciselé d'un motif de vagues. Oiseaux en incrustations d'or et d'argent.
Signature : Massayoshi.

65. — en sentokou. Dragon incrusté en shakoudo et or. Au revers, des flots gravés.
Signature : Aritsuné, *fait la première année de Kayei.*

66. — en sentokou gravé et incrusté : un cavalier a atteint un oiseau qu'on voit au revers, pendant qu'un paysan admire le coup.
Signature : Nara-Nagaharou.

67. — en shakoudo cerclé d'or. Incrustations d'argent représentant des grues sous un saule chargé de glaçons.
Signature : Yassutshika.

68. — en sentokou gravé et incrusté en relief de métaux divers d'un Shoki, l'épée à la main, sous une branche de pin.
Signature : Tsunénoshighé.

69. — en fer incrusté de pivoines en or et shakoudo.
Signature : Mitsuoki.

1) Une partie des gardes de sabre seront groupées par lots de deux ou plusieurs pièces.

70. Garde en fer ajouré. Troupe de chèvres et de boucs.
   Signature : MITSUHIRO.

71. — en sentokou incrusté de fleurettes d'or.
   Signature : TÔJUSAÏ-TÉROUNOBOU, *d'après un dessin de* KÔRIN.

72. — en fer ciselé et ajouré. Guirlande de fleurs et de feuillages.
   Signature : MASSATSHIKA, province de MOUSSASHI.

73. — en sentokou gravé d'une branche de prunier fleuri.
   Signature : ITSUKO.

74. — en sentokou guilloché, incrusté en relief d'une langouste de bronze.
   Signature : KADZUSADA.

75. — en bronze clair, à bords lobés. Incrustations de papillons en divers métaux.
   Signature : GOTO MITSOUTÉROU.

76. — shibuitshi décoré en relief d'un sennin brandissant une gourde d'où se sont échappés deux chevaux minuscules. Au revers un pin gravé.
   Signature : JO-Ï.

77. Petite garde en bronze, en forme de jeune chien jouant avec une corde attachée à un coquillage.
   Signature : YANAGAWA-NAOHAROU.

78. Garde en bronze, incrustée d'un vol d'oies sous la pluie. Au revers la proue d'un bateau dans les herbes.
   Signature : TSOUTENWO.

79. — en fer ciselé et découpé à la scie, d'une grande liberté d'exécution. Une langouste est inscrite dans le cercle qui forme la bordure, les antennes revenant toucher l'extrémité de la queue.
   Signature : MOUNÉNORI.

80. **Garde** en bronze rouge et shakoudo mêlés, en forme de dragon dans les nuages ; ciselure d'une grande fermeté et belle patine à reflets changeants.

Signature : SEIRIUKEN-YEIJU.

81. — en bronze rouge, incrusté en shakoudo et or de petits oiseaux et d'une gerbe de riz ; au revers un chapeau et une faucille.

Signature : HAKOUTSHI KATSUKI.

82. — en bronze rouge incrusté d'hirondelles en shakoudo.

Signature : DJIUGHOKUSAÏ-BIKI.

83. — en fer. Grande et belle pièce, incrustée en or sur une face, de deux dragons en relief, et sur l'autre d'une branche de prunier à fleurs d'argent.

Signature : SEIRIUSAÏ-HIDÉTOSHI.

84. — en bronze rouge incrusté en shakoudo d'oies sauvages s'abattant sur un marais. Au revers les sinuosités d'un ruisseau où se reflète le disque de la lune.

Signature : GOTO MITSUNARI, *fils de Itchidjio.*

85. — en bronze rouge gravé d'un éléphant ; au revers le cornac.

Signature : FOUOUN KANZIN, *sur la rivière Sumida, à Yedo.*

86. — en bronze rouge, en forme de démon accroupi.

Signature : MASSAYOSHI, *de Nara.*

87. — en fer incrusté en shibuitshi d'un aigle posé sur un rocher. Au revers on voit un lapin gîté dans le creux d'une racine.

Signature : MASSAYOSHI.

88. — en shibuitshi ciselé et incrusté. Sur les flots de la mer, près d'un château fort, le dieu Yebissu, a pris à la ligne une tortue sacrée qu'il tire hors de l'eau.

Signature : SHINRO.

89. **Garde** en shakoudo chagriné incrusté d'un pin en bronze et divers métaux.

>*Signature* : YOSHI-AKIRA.

90. — en shibuitshi, incrusté en divers métaux d'hirondelles volant au-dessus des flots.

>*Signature* : YOSHI-AKIRA.

91. — en shibuitshi, décorée en relief d'une marmite. Inscriptions au verso.

>*Signature* : ITSUKAKOU.

92. — en fer poli et incrusté d'or et de bronze décorée sur une face d'une divinité dans les nuages terrassant le démon, sur l'autre face, du dragon dans les flots.

>*Signature* : KOSAÏ-YOSHINOBOU.

93. — en shibuitshi incrusté en relief de grues d'argent et de roseaux d'or.

>*Signature* : DJUGAKOUSAÏ MASSAYOSHI.

94. — en bronze chagriné, avec papillons et fleurs en divers métaux ajourés.

>*Signature* : SHUNMEI HOGHEN. *Datée 1830.*

95. **Petite garde** en shakoudo cerclé d'or et incrusté en relief d'or et d'argent d'une branche de prunier fleuri.

>*Signature* : KADZUTSOUGOU.

96. — en fer décoré de chrysanthèmes ciselés.

>*Signature* : NAOMIDZOU, *province de Inaba.*

97. — en bronze chagriné, cerclé de shakoudo. Incrustations d'or représentant des hérons-aigrettes au bord d'un ruisseau.

>*Signature* : GANSHÔSHI NAGATSUNÉ.

98. **Garde** en shakoudo gravé et incrusté en métaux divers d'un faisan perché sur une branche. Au revers des fleurs et un papillon.

Signature : ITO-MASSATOSHI, *sur commande.*

99. — en bronze rouge gravé représentant, d'un côté Fou kourokou-djiu tenant un rouleau d'écritures dont un autre dieu, qu'on voit au revers. tient l'autre extrémité.

Signature : JÔ-I.

100. — en shakoudo gravé d'ondes. et incrusté d'une pieuvre en bronze rouge.

Signature : JÔ-I.

101. — en fer, avec paysage ciselé et incrusté sur les deux faces.

Signature : SHÔOSAI MOTOTSHIKA.

102. — en shakoudo, décoré en divers métaux de deux guerriers auprès d'une tente.

Signature : TOSHITOKI.

103. — en shibuitshi incrusté en haut relief d'une vigne dont un écureuil ronge les grappes.

Signature : OMORI HIDEKADZOU.

104. — en shibuitshi foncé. Un des Niô, incrusté en haut relief de bronze rouge. Au revers sont gravés des sapins.

Signature : RIUKEN-MIBOKOUÔ.

105 — en shibuitshi foncé. Hauts reliefs de divers métaux représentant des chrysanthèmes et des cailles.

Signature : IKKIN.

106. — en shakoudo ciselé et ajouré. Deux guerriers combattent le dragon près d'un pont. L'autre face de la garde présente la même scène vue par derrière.

Signature : NAOMORI.

107. — en shibuitski ciselé. Cerf dans un paysage rocheux. Au revers est gravée une cascade.

Signature : FOKIKAGHÊ.

1o8. Garde en shibuisthi foncé, incrusté en relief de poissons en métaux divers.

Signature : MATSUOURA-KANRI.

1o9. — en shibuitshi décoré de motifs ornementaux, fleurs et dragons stylisés.

Signature : ISHIGOURO-MASSATSUNÉ.

11o. — en shibuitshi décoré d'un paysage montagneux, au premier plan une cascade, au loin la cime du Fouji derrière des nuages.

Signature : DAÏDJO-MINAMOTO NO NAGATSUNÉ. *de la province d'Etchizen.*

111. — en fer à fines incrustations de bambou, prunier, chrysanthème et iris en divers métaux.

Signature : MANGUIOSHI-SHISSOUI.

112. — en fer incrusté. Vol d'oies sauvages s'abattant sur un étang.

Signature : MASSAYOSHI, *à 80 ans.*

113. — en shakoudo incrusté en divers métaux d'un cavalier qui porte une bannière.

Signature : ITSHIRISAI YOSHINAO.

114. — en fer ; branches de millet en or et argent.

Signature : ITSUSSAÏ-TOMEÏ.

115. — en fer incrusté. Famille de tigres traversant l'eau.

Signature : SHIBUI YOSHIMASSA.

116. — en fer, incrustations de bronze, de shibuitshi et d'argent représentant Fouten et Raïden, démons du vent et du tonnerre, au milieu des nuages et des éclairs.

Signature : YUKOSSAÏ-NOBOUTSHIKA, *né dans la province de Moussashi.*

117. Garde quadrilobée en fer incrusté d'une libellule et de fleurettes d'or.

Signature : MIOTCHIN-YASSUTSOUGHOU.

118. Garde en shakoudo chagriné. Pièce d'une superbe patine, avec incrustations de fleurs en argent et or.
Signature : GOTO HOKIO ITSIHJO.

119. — en argent découpé. Un paysan traversant une rivière sur un bœuf que mène un autre homme.
Signature : KISEI.

120. — en fer ciselé et incrusté. Aigle posé sur un rocher au milieu des flots. Au revers volent des oiseaux.
Signature : ISHGOURO KORÉYOSHI.

121. — en bronze rouge chagriné, incrusté en argent sur les deux faces de fleurs de cerisier entraînées par un ruisseau.
Signature : YOSHIOKA TÉROUTSOUGOU
Pièce reproduite dans l'Art Japonais, t. II, p. 152.

122. — en fer ciselé et incrusté. Tigre sous les bambous au bord de l'eau.
Signature : MASSAMITSU, province de Inaba.

123. — en fer d'un côté et en argent de l'autre. Sur la première face le dieu de la littérature, sur l'autre, un petit paysage au pied de montagnes derrière lesquelles on aperçoit le disque de la lune.
Signature : HAKOUKO-MASSAHAROU.

124. — en fer ciselé et ajouré : Coquilles marines.
Signature : TOMOKIYO.

125. — en fer ciselé. Cavalier et soldat. Au revers, un arbre près des flots.
Signature : YANAGAWA NAOMASSA.

126. — en fer ciselé. Œillets, épis et fleurs diverses en relief.
Signature : TOYONORI, province de Nagato.

127. — en fer ajouré. Héron sur un tronc.
Signature : TEITCHU.

128. — en fer ajouré. Hibou perché sur une branche.
Signature : SHIGHÉHAROU.

129. **Garde** en fer ciselé. Deux carpes affrontées.
Signature : SEIRIUKEN-YEIJU.

130. — en fer gravé d'un dragon.
Signature : SEIRIUKEN-YEIJU.

131. — en fer ajouré. Feuilles de mauve devant un store.
Signature : MASSAHIKA, de la province de Moussashi.

132. — en fer incrusté, décorée en bronze de vases contenant des fleurs, et de singes.
Signature : NAGAYOSKI, de la province de Yamashiro.
Pièce datée de 1498.
Art Japonai, t. II. p. 137.

133. — — de même métal et de décor analogue, mais sans les singes.
Signature : NAGAYOSHI.

134. **Grande garde** incrustée en haut-relief de bronze rouge. Les deux Niô luttant à la corde ; l'un d'eux est tombé sur le dos.
Signature : KOMEÏSAÏ SHINDZUÏ.

135. — en fer découpé à la scie. Flèches rangées en cercle, les pointes tournées vers le centre.
Signature : TATSUNAO.

136. — en fer, incrusté d'un renard qui contemple la lune. Des inscriptions sont gravées au revers.
Signature : KADZUTOKI.

137. — en fer ajouré. Fleurs et feuillages.
Signature : SUNAGAWA MASANORI.

138. — en fer. Incrustations en shibuitshi d'un crapaud dont l'haleine crée un petit personnage Au revers est gravée une cascade.
Signature : GHOKEN SOZAN, habitant de Yédo.

139. — en fer ciselé et ajouré. Deux cavaliers entrent dans une rivière, sous un pont.
Signature : YOSHITSHIKA.

140. **Garde** en fer incrusté d'or et d'argent. Héron aigrette dans les roseaux.
Signature : RITSUSHUN HORAÏ.

141. **Petite Garde** en fer incrusté, en forme de table supportant une chimère.
Signature : NAOYUKI.

142. — en fer incrusté sur les deux faces d'une branche de prunier fleuri en shakoudo.
Signature : TAKASHI KADZOUTSOUGOU.

143. — en shibuitshi ciselé et ajouré. Fouillis de singes.
Signature : MITSUHIRO, de Yagami, province de Hizen.

144. — en fer ciselé et incrusté. Dans la partie inférieure, sur les deux faces, les flots qui déferlent. D'un côté un tigre émerge, la tête levée vers un dragon qui apparaît dans les nuages.
Signature : HODJUSAÏ MASSAKAGHÉ.

145. — en argent, décorée en relief de pivoines incrustées en métaux divers.
Signature : SÔJURIÔ.

146. — en fer ciselé, décoré sur les deux faces d'un vaste paysage.
Signature : KÔTSHI TOMOHISSA, de Haghi, province de Nagato.

147. **Paire de gardes** en fer. Fleurs incrustées en relief de divers métaux. Une grecque est niellée en or sur la tranche.
Signature : TÔGHINTEI YOSHITEROU, d'après un dessin de Mounéyoshi.

148. **Petite garde** en bronze ciselé. Forme de losange. Décor d'un toit de chaume en relief, au-dessus duquel vole un hibou. Un pin est gravé au revers.
Signature : MASSAYOSHI.

149. **Garde** en fer ciselé de chauves-souris.
Signature : GOTO MITSUHIRO, *à 76 ans*

150. — en fer ciselé. Débris de tuiles sur un semis de fleurs d'or et d'argent.
Signature : GOTO MITSUHISSA, *en collaboration avec* NAKATOMO.

151. **Garde** en fer incrusté avec une rare maîtrise d'une branche de vigne à laquelle se suspendent deux singes.

Signature : TOSHIHAROU, à YÉDO.

Pièce reproduite dans l'*Art Japonais*, t. II, p. 138.

152. — en fer ciselé et poli. Un motif de gourde, feuilles, fleurs et fruits, d'un beau travail, occupe entièrement les deux faces.

Signature : YEWÔSAÏ.

Pièce reproduite dans l'*Art Japonais*, t. II, p. 141.

153. — en fer, d'un très beau style. Cette pièce, qui remonte au XVIᵉ siècle, est formée d'un serpent enroulé sur lui-même.

Signature : NOBUIYÉ.

Pièce reproduite dans l'*Art Japonais*, t. II, p. 145.

154. — en fer, incrusté de trois grues d'argent en relief.

Signature : MATOMORI.

155. — en fer. Deux enfants excitent des coqs au combat, en présence d'un troisième. Les coqs sont ciselés en relief dans le fer, les vêtements des enfants sont incrustés en or.

Signature : AKIYOSHI.

156. — en fer découpé, représentant l'outen, le dieu du vent.

Signature : TOKINORI.

157. — en fer, décorée d'un côté d'une grue en or et argent incrustés et de l'autre d'une branche de prunier ciselée dans le métal, et portant des fleurs d'argent.

Signature : IKKEI.

158. — en fer, découpé et ajouré. Deux oiseaux de Hô.

Signature : YOSHIMOURA KINAÏ.

159. — en fer gravé en creux d'un oiseau et d'une branche de bambou.

Signature : KARIUDO, *vassal du Daïmiô de Nagato.*

160. Petite garde en fer incrusté en shakoudo et or d'un paon perché sur une branche.

Signature : KANJU, *près du pont Adzuma-bashi à Yédo.*

161. — en sentokou avec incrustations de divers métaux en haut relief, représentant un sennin aux pieds duquel rampe un tigre.

Signature : KOSHOSAI MASSAHAROU.

162. Garde en fer ciselé et incrusté de divers métaux. Moineaux s'ébattant sur une branche.

Signature : YOSHITSOUGOU.

163. — en fer. Coq et poule incrustés en haut relief de divers métaux.

Signature : MASSAHAROU.

164. — en fer découpé. Deux singes se poursuivant.

Signature : TOKOUTCHI INABA.

165. — en fer évidé du disque de la lune doré sur les bords et à demi caché par des nuages, sur lesquels on voit l'oukourokouju, dieu de la longévité, avec le cerf. Dans les airs plane la grue et sur les flots on voit la tortue, animaux symboliques de la longue vie.

Signature : YOSHITSOUGOU.

166. — en fer ciselé. Vol de grues dans les nuages.

Signature : HIDÉMASSA, *province de Nagato.*

167. — en fer ciselé. Semis de fleurs de prunier sur les deux faces.

Signature : OKADA-MASSATAYO, *province de Moussashi.*

168. — en shibuitshi. Branches fleuries, incrustées en divers métaux.

Signature : DJUDJOSAI-YOSHIHIDÉ.

169. — en fer, des chauves-souris, un personnage et un cerf.

Signature : YOSHITANÉ pour la face qui porte le personnage et le cerf et pour l'autre face HONDJO-KAMÉNASSUKÉ.

170. **Garde** en fer, présentant le profil d'une pêche de longévité. Un
sennin, ciselé en haut relief, et marchant sur les nuages, porte
une pêche de fortes dimensions, en marchant vers un cerf couché
également sur les nuages.
Signature : SEÏTSUKEN YOSHITANÉ.

171. — en shibuitshi incrusté d'un corbeau en shakoudo et d'une grue
en argent. Dans l'air, vole une grue, également en argent.
Mêmes oiseaux au revers.
Signature : IWAMOTO-KONKWAN.

172. — en shibuitshi. Fouillis de cinquante singes enlacés. Garde ajourée
d'un curieux travail.
Signature : MITSUHIRO, *village Yagami, province de Hizen.*

173. — en shibuitshi niellé et incrusté. Les niellures représentent de
gros nuages neigeux, et les incrustations empruntent les formes
délicates et variées des cristaux de la neige.
Signature : KAWANABÉ-ITSUSHÓ, *près de la rivière Otanashi, au
pied de la montagne Torai.*

174. — en shibuitshi d'une très fine ciselure. Le sujet représente un
saint bouddhique qui effraye le démon en lui montrant dans
sa poitrine la figure de Bouddha.
Signature : SHOJO TEMMIN.
Art Japonais. t. II. p. 106.

175. — en shibuitshi, ciselé et incrusté. Le tanuki (sorte de blaireau),
assis au milieu des herbes au clair de la lune, glapit sa chanson.
Signature : AKITSHIKA.

176. — en shibuitshi, incrusté et ciselé en relief. Un soldat attaque un
tigre, près d'un torrent.
Signature : OZAWA-YOSHIAKI.

177. **Petite garde** en bronze chagriné, forme de losange aux angles
arrondis. Incrustations en shakoudo et shibuitshi d'un dragon et
d'un tigre qui s'observent d'un air menaçant.
Signature : YASSUTSHIKA.

178. Garde en fer ciselé. Tous les symboles poétiques de l'automne sont réunis sur cette pièce. Le cerf qui brame à la lune, le vol d'oies sauvages, les feuilles d'érable flottant sur le ruisseau.

Signature : SOJU-RIO.

Pièce reproduite dans l'*Art Japonais*, t. II, p. 165.

179. —— en argent d'un côté, et en shakoudo de l'autre. Sur la première face sont ciselés un héron au bord de l'eau, et une libellule.

Signature : ITSUSHÔ NAKAGAWA KATSUZANÉ.

180. —— en shibuitshi foncé, et incrusté. Une musicienne céleste plane au-dessus d'une plage boisée.

Signature : MORITSHIKA (1848).

181. —— en argent ajouré. Le Shôki, à cheval, traverse une rivière, conduit par un paysan.

Signature : DJÔHÔTÉI-HIROTOKI.

182. —— en shibuitshi foncé décoré sur les deux faces de guerriers sous des pins. Cette garde est entourée d'une bordure niellée de petits motifs d'ornements.

Signature : TORINSAÏ KATSUNAGA.

183. —— en shibuitshi foncé, avec incrustations. Trois philosophes sont réunis sous une branche fleurie.

Signature : YEIHO.

184. Garde en shibuitshi chagriné. Coq et poule incrustés en divers métaux sous de grandes feuilles en émaux verts translucides.

Signature : YAMAMOTO RIURINSAÏ TOMOYASSOU.

185. Paire de gardes de grand et de petit sabre en bronze rouge incrusté. La grande montre le Shôki poursuivant un diable qu'on aperçoit fuyant sur l'autre face. Sur la petite garde, le diable, effrayé par l'image du Shóki qu'il a aperçue dans l'eau du ruisseau, se réfugie sur un arbre.

Signature : YOKOGA HIDÉSHIGHÉ.

Art Japonais, t. II, p. 168.

186. **Petite garde** en fer incrusté en reliefs d'or d'un dragon dans les nuages.

Signature : SEIRICKEN HIDÉTOKI.

187. **Garde** en shibuitshi clair, ciselé. La déesse Kwanon assise sous un saule. Au revers une plante de lotus dans le ruisseau.

Signature : TOJU HIROMASSA.

188. — en shibuitshi foncé, ciselé d'un paysage en relief à inscrustations d'or. Au revers trois cabanes sous un pin, et dans le ciel un vol d'oies.

Signature : TOSHISADA.

189. — en shakoudo incrusté. Vol d'oies passant devant la lune dans un ciel nuageux. Au pied de la garde des herbes de marais incrustées en or. Le travail des nuages est délicatement rehaussé d'une fine niellure de paillettes d'or.

Signature : TôOUN-HA-ITSUSHÔ-KADZOUSANI.

190. — quadrilobée en fer découpé à la scie. Vol d'oies sous la pluie.

191. — en bronze martelé et incrusté d'or, décoré du sennin Gama avec son crapaud sur un tronc de pin.

Signature : JO-I.

192. — en argent avec cartouches de shakoudo granulé portant de fins décors de fleurs en métaux variés.

Signature : SHUNSHADÓ-KONKWAN.

193. — en bronze doré et ciselé. Décor de style européen représentant des enfants nus, des arabesques, des animaux. Cerclure en bronze rouge imitant une bordure de cuir cousu.

Signature : SEMPOSAÏ.

194. **Garde** en shibuitshi ciselé et incrusté. Un oiseau chante, posé sur une branche de cerisier fleuri.
Signature : TSIKUWANKEN MOTOTOKI.

195. — en shibuitshi, à incrustations de corail. Au milieu des flots, finement fouillés au burin, trois pêcheurs rapportent les branches du corail.
Signature : OMORI YEISHIU.

196. — en fer incrusté. Lapin jouant au *go* avec deux singes.
Signature : TOKIHAROU.

197. — en shibuitshi incrusté de bronze et d'or. Tigre sous les sapins dans la pluie battante. Au revers paysage vu à travers la pluie.
Signature : TOSHIAKI.

198. — en shibuitshi gravé avec incrustations d'or et d'argent. Femme puisant à la rivière de l'eau dans un baquet.
Signature : JOKOTA TOMOSHIGHÉ, à 61 ans.

199. — en shibuitshi ciselé en haut-relief. Deux danseurs de Nô en grand costume. L. revers est gravé d'un tronc de prunier sous la lune.
Signature : MASSAYOSHI, à 67 ans.

200. — en bronze rouge, incrusté en haut-relief d'un tigre de cuivre. Sur le revers une cascade.
Signature : MASSAYOSHI.

201 — en shibuitshi profondément fouillé au burin, représentant l'écume des vagues déchaînées.
Signature : DJUGAKOUSAI-ISHIGOURO MASSAYOSHI.

202. — en shibuitshi foncé, incrusté de bronze, d'or et d'argent. Un empereur assis à une table. Au revers, un homme se prosterne au pied d'un lourd rideau.
Signé : TUDJI-TOSHITOKI.

203. — en shibuitshi clair, décorée d'un cerf-volant finement incrusté en divers métaux, d'une raquette d'argent et d'un volant.
Signature : TOKIYOSHI.

204. — **Garde** en fer, gravé de deux personnages d'aspect archaïque, vus à mi-corps.
Signature : KANÉIYÉ, *province de Moussashi.*

205. — en fer incrusté. Bouddha et Dharma en haut-relief. Belle inscription en caractères d'or.
Signature : KANÉIYÉ, *du village de Fushimi, province de Yamashiro.*

206. — quadrilobée en shakoudo granulé à double bordure unie. Incrustation d'une branche de prunier fleuri et, sur l'autre face, d'iris, de bambous et de chrysanthèmes.
Signé : YOSHIMITSU.

207. — en fer incrusté de sentokou, en haut-relief. Démon chevelu sous un coup de vent qui balaye des feuilles et hérisse sa chevelure.
Signature : ITSHINAGHI-TOMOYOSHI.

208. **Petite garde** quadrangulaire en shakoudo granulé et ciselé. Hibou posé sur une branche de prunier.
Signature : JUSO, *hoghen,* d'après Kadzuyé.

209. **Garde** en fer ajouré à rehauts d'or. Flots et coquilles.
Signature : JUSO, *hoghen.*

210. — en fer à reliefs d'argent et d'or. Sous la rafale un homme s'avance à l'abri d'un parapluie, s'éclairant d'une lanterne. Le hototoghisu passe devant le disque de la lune.
Signature : KAIYA-SHOHEÏ (1843).

211. — en fer décoré de deux gardes de sabre ciselées dans le métal.
Signature : ITSHIDOSAÏ.

212. — en shakoudo ciselé. Batelier sur une rivière.
Signature : RIU, *hoghen.*

213. — en shibuitshi, incrusté de divers métaux. Canard mandarin posé sur une branche de prunier qui pend sur l'eau. La femelle nage au-dessous. Le tronc du prunier est ciselé au revers.
Signature : SEIMEÏ-MASSATSUNÉ, *à 63 ans.*

214. **Garde** en fer. Vol d'hirondelles gravé en creux.

Signature : SÉKIKOKOUSAÏ-DJUMEI-MAKITOMI, *63 ans.*

215. — quadrilobée en fer, décoré de trois libellules. Le dessin de ces insectes est creusé dans le métal à la manière d'une empreinte fossile.

Signature : OUMÉTADA.

Le signe *oumé* est exprimé par la fleur qui porte ce nom.

216. — quadrilobée en fer, décorée dans le même travail que la précédente de feuilles et de fleurs de chrysanthème.

Signature : OUMÉTADA.

(Même observation qu'au numéro précédent.)

217. — en fer ciselé et ajouré. Dragon.

Signature : OUMÉTADA.

218. — en shakoudo incrusté. Personnage légendaire dont l'haleine exhale une petite figure humaine. Deux pins gravés au revers.

Signature : MIBOKOU.

219. — en shibuitshi incrusté en relief de divers métaux. Le Shôki s'apprête à poursuivre un diable qui lui a pris son étendard et s'enfuit.

Signature : GAKOUGAWA YASSUNORI.

220. — en shibuitshi décoré de trois cartouches à motifs incrustés de fleurs et d'oiseaux.

Signature : SHUNMEI *Hogiou.*

221. **Petite garde** cerclée d'or, une face en shakoudo granulé et décoré d'un tambour de Nô ; l'autre face, en bronze rouge strié porte une flûte et la signature sur un cartouche. Incrustations en or.

Signature : JIURISAI TOSHIKAGHI.

222. **Garde** en shibuitshi foncé à incrustations de divers métaux. Dans un paysage rocailleux un philosophe et son serviteur regardent une grue qui s'envole.

Signature : ITSHIDJOSAI HIROTOKI.

223. **Garde** en fer ciselé. Sous un arbre, auprès d'une cascade, le sennin Gama caresse son crapaud familier.

Signature : KORIAKEN SHIGHÉTSUNÉ, *de Haghi, province de Nagato.*

224. — en shibuitshi incrusté. Le poëte Narihira avec ses serviteurs traversant le Tamagava. Le sujet se continue au revers.

Signature : HAMANO KIDZOUÏ.

225. — en shibuitshi incrusté. Le prince Yoshitsuné en barque avec un renard et un singe. Paysage au revers.

Signature : NAGATSUNÉ.

226. — en shibuitshi foncé incrustée en relief de deux singes en bronze rouge : au revers les attributs des manzaï.

Signature : KADZUTOMO.

227. — en fer ciselé sur les deux faces d'un vol d'oies qui s'abat sur une rivière.

Signature : MASSAYOSHI, *à 80 ans.*

228. — en fer ciselé de grues en relief.

Signature : TOMOTSSA, *de Haghi, province de Nagato.*

229. — en bronze ciselé en haut relief. Un oni se regarde dans un miroir ; un autre diable sur le revers. Incrustation d'or et d'argent.

Signature : SHODJUKEN-KYOZOUÏ.

230. — en fer ciselé et rehaussé d'or, représentant un guerrier à cheval au milieu des flots.

Signature : TSHIKAHIDÉ.

231. — en shibuitshi ciselé et incrusté d'or. Un daïmio monté sur le toit d'un temple se défend contre l'attaque d'un soldat qu'on voit au revers.

Signature : HIRATA-HARUNARI.

232. — en fer. Incrustations à plat serties d'un trait de gravure représentant une ronde exécutée par cinq personnages. Belle inscription incrustée en or.

Signature : TOMEI.

233. **Garde** en sentokou incrusté d'une ancre en fer sur laquelle est posé un héron d'argent; au-dessus vole un second héron. Au revers la cime d'un pin et trois voiles de bateaux.

Signature : DJUWOSAI. *71 ans.*

234. — quadrangulaire en sentokou chagriné, incrusté d'une branche de prunier à fleurettes d'argent. Au revers une paire de ciseaux en bronze rouge.

Signature : ISHIGOURO-MASSATSUNÉ.

235. — en sentokou à bords ondulés. Un faucon, incrusté en argent, vole vers un arbre, dont le tronc est gravé et les branches incrustées en bronze rouge. Au revers un passereau s'enfuit à tire-d'ailes.

Signature : MITSUHIRO.

236. — en fer, gravé sur les deux faces de feuilles de chêne dont les bords sont rehaussés d'un frottis d'or. Deux nervures sont découpés d'un fin trait de scie.

Signature : MASSATSHIKA, *province de Moussashi.*

237. — en vieil argent granulé, décoré, en incrustations de fer, d'argent et d'or, d'une tuile dans laquelle a poussé un plant de mauve.

Signature : NAOTSOUGOU.

238. en fer ajouré. Trois souris inscrites dans un cercle.

Signature : YOSHITOKI.

239. — en fer ciselé et incrusté d'or de deux tons. Le Sennin marchant sur les flots.

Signature : YOSHITEROU, d'après le dessin de Seidzui.

240. — en fer finement ajouré à la scie. Poissons se jouant dans les flots.

241. — en fer découpé en formes géométriques. Le kiri incrusté en bronze et en or.

242. — en fer ajouré, formée de deux gousses entrelacées.

243. — en fer découpé et ciselé. Feuilles de fougères.

244. Garde en fer ajouré, incrusté d'or et de bronze. Pélerin sous un pin, en face d'une cascade.

245. — en fer découpé. Oiseaux s'abattant sur l'eau près d'un pont.

246. — en fer découpé. Feuilles d'érable dans la pluie.

247. — en fer ajouré. Coquillages accolés et présentant alternativement l'une et l'autre face.

248. — quadrilobée en fer martelé et incrusté de shibuitshi. Les huit vues célèbres du lac Biwa.

249. — en fer imitant un vieux morceau de bois veiné avec incrustation d'une araignée en shakoudo.

250. — en fer incrusté en hauts reliefs de bronze et d'argent. Lutte des Niô.

251. — en fer décoré d'un vermiculé découpé à la scie, simulant les nuages, avec deux dragons.

252. — en fer ajouré et ciselé à haut relief, avec incrustations d'or et de bronze. Monté sur une chimère, le Shoki traverse un pont, poursuivant trois diablotins qui lui ont pris son étendard.

253. Grande garde en fer découpé et damasquiné de différents ors. Fleurs, poupées, raquette et balle. arc et flèches.

254. Garde en fer ajouré. Colimaçon et insectes dans les herbes.

255. — en fer découpé. Grillons sous des graminées.
Signature : Miyotshin, *province de Yetchizen.*

256. — formée d'une cigogne en fer, qui saisit une feuille dans son bec.

257. — en fer incrusté. Le bateau du passeur.

258. Grande garde en fer découpé et incrusté d'émaux translucides.

259. Garde en fer ajouré, légèrement bombée en forme de coquille d'épée européenne. Deux dragons dans un lacis de rinceaux.

260. — en fer, présentant le profil d'une bouilloire.

Signature : OUMÉTADA-SHIGHÉNARI.

261. — en fer découpé. Branche fleurie à rehauts d'or.

Cachet en or non déchiffré.

262. — en shakoudo, en forme de losange à angles arrondis, finement incrustée en or de fleurs des champs et du disque de la lune à demi voilé par les nuages. La tranche est incrustée de petits carrés d'or.

263. — quadrilobée, en shakoudo granulé et incrusté de divers métaux. Chevaux dans la rivière.

Travail de Gôto.

264. — en shakoudo. Dessins de bâtons rompus nettement découpés à la scie ; le bord est damasquiné d'or.

265. — en shakoudo, rehaussé de métaux divers. Paon incrusté en haut relief.

266. — en fer ciselé et incrusté en haut relief d'un hibou perché sur un tronc.

Art Japonais. t. II. p. 153.

267. — en sentokou, ciselé d'un sennin avec un tigre familier. Au revers deux troncs de pin d'un très beau travail de ciselure et de gravure.

268. — en sentokou gris, bordé de shakoudo. Incrustations d'or, d'argent et de bronze représentant des champignons, avec des herbes gravées.

269. — en fer ciselé. Langouste. Crête de vague au revers.

270. — en shakoudo, incrusté de petites grecques d'or. Sur le rebord formé par un relief du métal, le kiri et autres armoiries incrustés en métaux divers.

271. **Petite garde** en fer découpé comme une dentelle. A l'intérieur de chacune des deux petites étoiles évidées se trouve une minuscule bille que l'outil a laissée libre.

Art Japonais, t. II, p. 132.

272. **Garde** en fer, formée d'un groupe de singes aux longs bras, accrochés les uns aux autres.

273. — en fer, décorée en or et argent de feuilles de lotus dans l'eau courante.

274. **Grande garde** en fer richement damasquiné d'or. Cinq personnages en costume chinois au bord de la rivière. Au revers bœufs et chevaux.

275. — en shibuitshi ciselé d'une branche de paulownia avec les feuilles et les fleurs incrustées en métaux divers. De place en place quelques coups de burin imitent un tressé d'osier.

276. **Garde** en fer ajouré rehaussé d'or. Un sennin sur la carpe au milieu des flots.

277. — carré en fer ajouré, à bordure damasquinée d'argent. Fourmillement de petits poissons dans les flots.

278. — en fer poli. Deux sennins ciselés en relief, l'un debout tenant une sébile d'où s'échappe un dragon représenté au revers, l'autre assis, avec une tortue dans la main. Beau travail portant un cachet indéchiffré.

279. — en shakoudo chagriné. Deux coqs, poule et poussins au pied d'un bambou. Incrustations d'or, d'argent et de bronze.

280. — en fer richement incrusté d'or. Sujet légendaire. Le héros Sousano, le dragon et les coupes de saké. Au-dessus la jeune captive tient un rouleau d'écritures.

281. **Petite garde** en sentokou ciselé. Coqs et poules.

282. **Garde** en fer profondément fouillé au burin. Dragon dans les nuages.

Signature : **YUKINAGA**, *de Sumiyoshi, province de Nagato.*

3

283. **Petite garde** en shakoudo ciselé et incrusté. Feuilles et fleurs diverses.

284. — en argent. Flots gravés, pins en shakoudo incrusté et oiseaux découpés.

285. **Garde** en fer incrusté à plat sur les deux faces de fleurs en shakoudo.

286. **Petite garde** quadrilobée, en bronze rouge à rehauts d'or, gravé en creux d'un plant de chrysanthèmes.

287. — quadrilobée, en bronze chagriné. Incrustations en bronze et or de feuilles et de fruits du fraisier.

288. **Garde** en fer incrusté. Sujet légendaire. Les deux vieux époux et les emblèmes de la longévité : La tortue, la cigogne et le pin.

289. — en shibuitshi. Paonne et pivoines en riches incrustations de divers métaux.

290. **Petite garde** en bronze rouge, décorée de fleurettes en métaux divers.

291. **Garde** quadrilobée en fer. Radeaux, avec des fleurs de cerisier. Deux ancres découpées à la scie.

292. — en fer damasquiné, présentant la silhouette **simplifiée** d'un petit oiseau aux ailes ouvertes.
Signature : KINO-MASSOUMI.

293. — en shakoudo, formée d'un semis serré de fleurs de cerisier dont le cœur est incrusté d'un point d'or.

294. — en fer richement damasquiné, en différents ors et en argent, de dragons et d'oiseaux de Hô entourant un personnage.

295. — en fer. Décor d'oiseaux de Hô et de fleurs de paulownia incrustés à plat.

296. — en fer à bords festonnés. Rinceaux incrustés en or.

297. **Garde** en fer. Cerf et cheval incrustés en cuivre, dans un style archaïque.

298. — en fer ciselé et rehaussé d'un frottis d'or sur les deux faces et la tranche. Les vues du lac Biwa.

299. — en fer. Chimères d'or en haut relief dont l'une, visible sur les deux faces, est enchâssée dans une découpure à jour de la rondelle.

300. — quadrilobée en fer rugueux. Nombreuses fourmis incrustées en bronze et shakoudo.

301. — en fer ciselé et ajouré à la scie d'une branche de prunier fleuri.

302. **Grande garde** carrée, à coins arrondis, en fer, découpée d'une conque guerrière et d'un écran de commandement incrusté d'or.

303. **Garde** en fer ciselé en relief et en creux. Gardiens de temple.
Signature : YASSETSHIKA.

304. — en fer ciselé. Vue du lac Biwa.
Cette garde est d'une oncrité remarquable, due à la perfection du martelage.

305. — en bronze doré, décoré de dragons et d'une bordure à la grecque en champlevé avec émaux de différentes couleurs.

306. — en shibuitshi incrusté d'un vol d'oiseaux en métaux divers.

307. — en fer ciselé. Scènes de la rue, voitures, piétons, porteurs, cavaliers, etc.

308. — en fer rehaussé d'or ciselé, sur chaque face, de deux cartouches, chacun portant un cheval.
Signature : MIOTSHIN.

309. — en fer incrusté d'argent. Crapaud contemplant la lune. Au revers des feuilles de lotus.

310. Garde en fer découpé d'une branche de chêne avec ses feuilles et ses glands.

Signature : MASSANAO.

311. — en fer évidé. Un singe à longs bras, suspendu aux branches d'un pin, cherche à saisir dans l'eau le reflet de la lune.

312. Petite garde en sentokou ; formée d'un chien qui traîne un coquillage attaché par une ficelle.

313. — en sentokou formée de deux poissons dans les flots.

314. — en fer incrusté de divers métaux. fleurs, feuilles et goheï.

315. — en fer à haut relief de feuilles et de fleurs damasquinées d'or.

316. — en sentokou. Sur un fond piqué d'un semis serré de petites étoiles, un aigle est posé sur un rocher. La tête. les ailes et les serres de l'oiseau sont incrustées en or, le corps est ciselé dans le métal.

317. — formée de deux chimères affrontées en sentokou ciselé.

Pièce reproduite dans l'*Art Japonais*. page 1 de l'Introduction.

318. Paire de gardes en shibuitshi foncé, représentant en reliefs ornés de diverses incrustations les sept sages dans la forêt de bambous.

319. Petite garde en cloisonné, décor de fleurs en émaux cloisonnés sur fond turquoise champlevé.

320. — quadrilobée en fer ciselé et gravé. à rehauts d'or ; le sennin Gama et son crapaud.

321. — quadrilobée en fer ciselé représentant une natte de paille tressée avec incrustations de plantes en or et bronze.

322. — en fer ciselé représentant un vieux morceau de bois avec incrustations de fourmis en relief et d'une toile d'araignée en fils d'or.

323. **Garde** en fer ciselé simulant sur les deux côtés un lapin vu de face. Les yeux et les poils de la moustache sont dorés.

324. **Paire de gardes** en shakoudo granulé, ciselée en relief et incrustée d'or de différentes teintes. Légende guerrière.
Signature : SOTEN.

325. — en shakoudo, ciselée en relief et rehaussée d'or : sujet guerrier : le passage d'une rivière.
Même signature.

326. — en shakoudo ajourée, ciselée et incrustée d'or ; les sept sages dans la forêt de bambous.
Même signature.

327. — en shakoudo, ciselé et repercé. Un dieu dans un chariot précédé d'un guerrier à cheval ; dans les airs plane le dragon.
Même signature.

328 — en bronze. Sujet identique à la garde précédente.
Même signature.

329. — en fer, ciselée à rehauts d'or, décorée de quatre cartouches, deux en fer plein simulant une tresse de paille, et les deux autres ajourés et décorés d'une fleur de cerisier.
Signature : MASSANOBOU.

330. — en fer ; ornements divers incrustés en émaux translucides sur or.

331. — quadrilobée en fer, ciselée en relief d'un philosophe sur un bœuf ; incrustations d'or et d'argent.

332. — en shibuitshi ciselé et incrusté en haut relief d'un tigre de shakoudo et d'or.

333. — en fer ciselé et ajouré. Éventails et écrans décorés de dragons.

334. — en fer décoré de riches incrustations d'or. Oiseau de Hô et fleurs de paulownia.

335. Garde en fer incrusté d'un arbre en shakoudo devant lequel passe un hototogisu d'argent. Un fin poudré d'or simule des nuages.

336. — en fer formée d'un enroulement cylindrique formant quatre lobes et rehaussé de gouttelettes d'argent incrustées qui évoquent l'idée de la neige.

337. — en fer ciselé et ajouré en forme de table soutenue par des pieds formés de dragons.

338. — en argent ciselée en relief et incrustée d'or et de shakoudo : fleurs, herbes et insectes.

339. — en sentokou à incrustations d'or ciselée en relief d'un décor de pivoines et sur l'autre face, d'un lapin dans les herbes.
Signature : Yassutsuka.

340. — quadrilobée, en fer ciselé en relief d'un décor de chimères.
Signature : Miotsuin Nobohoura, d'après un dessin de *Kano Tsunénobou*.

341. · en shakoudo richement incrustée en relief de deux chimères d'or sur un fond de rochers et de cascades dont l'écume est figurée par des points d'or.

342. — en bronze rouge ajouré et rehaussé d'or et d'argent. Un guerrier sur une barque.

343. — en shibuitshi à tranche d'or, ciselée en haut relief d'un chien dans les herbes.

344. — **Petite Garde** en bronze rouge, échancrée à gauche et incrustée d'un fin décor de liserons d'or.

345. — **Garde** en shakoudo décorée de deux moineaux d'or dans les bambous. Des incrustations d'argent figurent la neige sur les feuilles des arbres.

346. Petite Garde en argent profondément ciselée de volutes à l'imitation des laques de *Gouri*.

347. **Garde** en fer octogonale et rehaussée d'or. Le métal a été ajouré à la scie de manière à ne laisser qu'un dessin géométrique de cercles entre-croisés et un décor de deux pousses de bambous et d'une touffe d'iris apparaissant sur les deux faces.

348. — en fer damasquiné figurant les veines d'un morceau de bois.
Signature : MITSUHIRO-YOSHISHIGHE.

349. — en fer découpé à la scie. Au milieu la fleur de chrysanthème. Tout autour un décor régulier figurant des vagues stylisées.

350. — en sentokou ciselée en haut relief avec incrustations de bronze. Singe et guêpe.

351. — en bronze rouge ; lapin accroupi, en plomb cerclé d'or ; à côté un autre lapin ajouré à la scie ; herbes de Haïkoudo et d'or.
Signature : MASSAYOSHI.

352. — en bronze rouge ajouré : dragon dans les nuages.

353. — en fer incrustée de personnages chinois en métaux divers.

354. — en sentokou : sur un arbre creusé dans le métal et incrusté de feuilles d'or, un aigle de bronze guette un singe que l'on voit sur l'autre face blotti dans un creux du tronc.
Signature : MASSATSHIKA.

355. — en fer, quadrilobée et rehaussée d'or. Un philosophe et son bœuf. Dans les airs, la déesse tisseuse des nuages.

356. — en fer ajouré. Deux monstres marins affrontés.

357. — en fer ajouré et ciselé d'une cigogne volant dans les pins au-dessus de son nid.
Signature : MASSAYOSHI.

358. — lobée en fer ciselé et rehaussé d'or, paysage montagneux et personnages en costume chinois.

359. — en fer ajouré ; sur un tronc de saule incrusté d'une vigne d'or, deux hérons en argent ciselé.

360. **Garde** en fer gravé et ciselé en relief. Chaumière au bord du torrent; poule et coq incrustés en or. Dans le fond, des cimes de montagnes modelées dans le métal.

361. —— très massive en fer ciselé formée de deux chimères.

362. —— en fer, incrustée en shibuitshi d'une chimère courant sous la pluie.

363. —— en fer incrusté d'or, de bronze et d'argent et ciselée en haut relief de deux personnages en costume antique tenant en laisse une chimère.

364. —— en fer; incrustations de cuivre à plat figurant un décor de fleurs stylisées.

365. —— en fer rehaussé de fils d'or, formée d'une fleur de chrysanthème et de ses feuilles.

366. —— en fer ciselé en relief: dragon dans les airs apparaissant tour à tour sur les deux faces de la garde.

367. —— en fer rehaussé d'or et ajouré à la scie figurant deux dragons stylisés serpentant dans les lacis du métal.

368. —— en fer martelé et incrusté d'or et de bronze; champignons sur une branche de bambou; au-dessus vole un moineau.

369. —— en fer ciselé et décorée sur tout le pourtour d'une rangée de papillons stylisés au-dessus des flots; le même dessin se répète sur l'autre face.

370. —— en fer finement incrustée en argent d'un semis de pétales et de fleurs de cerisier.

371. —— quadrilobée en fer, ciselée en relief d'un tigre et d'un tronc de bambou.

372. —— en fer quadrilobée; jouets d'enfant en incrustations de bronze, or et shakoudo.

373. **Garde** en fer rehaussé d'or ; dragon dans les nuages.

374. — en fer, philosophe sur son mulet dans un paysage rocheux.

375. — en fer quadrilobée et incrustée de bronze et d'or ; oiseau sur une herbe au-dessus de la rivière.

376. — en fer quadrilobée et décorée d'un groupe d'oies sauvages ciselées en relief.

377. — en fer ; un personnage, dans une embrasure de fenêtre ajourée dans le métal, cause à un pèlerin. Sur l'autre face, le même personnage vu de dos.

378. — en fer ciselée de deux pins au bord de la mer.

379. — en fer ajouré et ciselé formée par une multitude de chevaux.

380. — en sentokou ciselé et incrusté en relief d'un tigre de bronze sortant de sa caverne.

381. — en fer découpé et ciselé, formée d'un masque et d'une boîte ouverte dont le couvercle est posé à côté.

382. — en fer ciselé imitant les rugosités d'un vieux tronc.

383. — en fer plein ciselé d'une branche de prunier à fleurs incrustées en shibuitshi.

384. — en fer découpé à la scie, formée d'un épi courbé en cercle.

385. — en fer découpé à la scie. Voiles et cordages de bateaux aperçus par-dessus la cime des pins.

386. **Deux gardes** en fer plein ciselées d'une branche de prunier aux fleurs incrustées en shibuitshi.

387. **Deux gardes** en fer plein décorées d'un paysage ciselé et incrusté, avec des oiseaux volant au-dessus des flots.

388. **Deux gardes** en fer découpé : l'une, très ajourée, se forme de deux épis symétriquement disposés ; l'autre de gerbes liées et courbées.

389. **Deux gardes** en fer plein décorées de paysages en incrustations de divers métaux.

390. **Deux gardes** en fer plein à décor de roues incrustées, en or et shakoudo sur l'une, en filigrane d'or sur l'autre.

391. **Sept gardes** en fer plein à décors de paysages ciselés en bas-relief.

392. **Quatre gardes** en fer plein incrusté en différents métaux d'attributs divers.

393. **Onze gardes** en fer plein à décors d'animaux divers, ciselés et incrustés.

394. **Sept petites gardes** en fer décorées de reliefs et d'incrustations : sujets représentant diverses légendes dans lesquelles figurent des philosophes.

395. **Vingt et une gardes** en fer plein, décors analogues au lot précédent.

396. **Six gardes** en fer plein ornées de dragons ciselés en bas-relief.

397. **Dix gardes** en fer plein ciselé et incrusté. Mêmes sujets que le lot précédent.

398. **Cinq gardes** en fer ajouré et ciselé. Mêmes sujets que le lot précédent.

399. **Quatre grandes gardes** en fer bosselé au marteau et incrusté de sujets divers, lune, araignée, crâne, etc.

400. **Neuf gardes** en fer ciselé et incrusté. Sujets religieux divers :
Dieux du bonheur, Dharma, Sennins, Shoki.

401. **Six gardes** en fer ciselé ou incrusté d'objets divers, monnaies,
rouleaux d'écritures, etc.

402. **Trois gardes** en fer découpé, représentant, dans des paysages,
l'une un personnage à sa fenêtre, l'autre un aigle en présence
du Fouji, la troisième un pont où passent des voyageurs.

403. **Quatre gardes** en fer plein, ciselé et incrusté. Sujets de combats héroïques.

404. **Quatre gardes** en fer à bords découpés. Ornements divers.

405. **Deux gardes** en fer ajouré. Chrysanthèmes.

406. **Sept gardes** en fer ajouré. Papillons, fleurs divers.

407. **Sept gardes** en fer. Animaux fantastiques.

408. **Huit gardes** en fer, ciselé ou incrusté. Décors de fleurs stylisées.

409. **Vingt-une gardes** en fer plein à décors de paysages ciselés
ou incrustés.

410. **Cinq gardes** en fer plein, ciselé et incrusté de motifs floraux
divers.

411. **Quinze gardes** en fer plein. Mêmes décors que le lot précédent.

412. **Neuf gardes** en fer plein, ciselées ou incrustées de sujets rustiques.

413. **Six gardes** en fer plein ciselé et incrusté. Insectes, crabe,
chauve-souris.

414. **Huit gardes** en fer niellé. Décors de fleurs diverses.

415. Quatre gardes en fer ciselé et incrusté. Objets divers. Casques, selle, écran, etc.

416. Trois gardes en fer incrusté en divers métaux d'oiseaux divers au bord de l'eau ou volant au-dessus des flots.

417. Dix-sept gardes en fer à décors d'oiseaux divers, incrustés ou ciselés.

418. Huit gardes en fer repercé d'ornements divers.

419. Onze gardes en métaux divers.

KODZUKA

420. Kodzuka en shakoudo ; coq en haut relief sur le toit d'une chaumière. Le métal est d'une très belle qualité. Au revers, incrustée en or, la lune est à demi voilée par des nuages.

Signature : HIRICKEN HODZUI.

421. ——— en shibuitshi. Fines incrustations d'or, d'argent et de bronze représentant une dame avec deux suivantes, dont l'une lui présente le plateau à fumer, tandis que l'autre emporte un bol. Au revers, incrusté en or, le hototoguisu (coucou de nuit) et une inscription gravée.

422. ——— en shakoudo sertissant une plaque d'or qui représente en ronde-bosse le cortège d'un daïmio.

Signature : GOTO NAOMASSA.

423. ——— en shakoudo sertissant une plaque de fer portant en relief une grue d'argent et un ruisseau dont les sinuosités sont indiquées en shakudo incrusté.

Signature : GOTO KORAN.

424. **Kodzuka** en shakoudo gravé présentant au revers le dieu
Daïkokou, accroupi sur des balles de riz. Au-dessus de lui une
inscription gravée.

> Au droit un kooban d'or. jeté sur le fond granulé du métal.
> *Signature :* L. YOKIAKIRA.

425. — en shibuitshi, Bouddha en or, debout sur le socle traditionnel.
représentant la fleur de lotus, en argent ; travail en haut relief.

> Au revers une inscription et la signature SHOJUROJEN KIDZUI.

426. — en shibuitshi, incrusté de roseaux en shakoudo et or, avec des
insectes en bronze rouge, d'un beau travail.

> Au revers une inscription et la signature MIROKOU.

427. — en shibuitshi décoré d'un paysan portant un coq de combat. Au
revers sont gravés deux coqs prêts à entrer en lutte.

> *Signature :* MOTOTOSHI.

428. — en shibuitshi représentant en haut-relief un guerrier dans les
flots.

> *Signature :* HAMANO KIDZUI.

429. — en shibuitshi décoré d'un kakemono devant lequel est un rat.

> *Signature :* YASSUTSHIKA, de Yedo.

430. — en argent décoré d'un lapin incrusté en or, et d'un autre
lapin gravé, sous une touffe d'herbes.

> *Signature :* KIRIUSAI SOMIN.

431. — en shibuitshi. Deux philosophes lisant un makimono.

> *Signature :* SEIKAKOU.

432. — en shakoudo décoré d'une pivoine d'argent en haut-relief, avec
feuillage en shakudo et or.

> *Signature :* YOSHIHIDÉ.

433. — Une face argent et une face shibuitshi, gravées d'un cortège de
daïmio où tous les personnages ont des têtes de renard.

> *Signature :* HIROTOKI.

434. **Kodzuka** en shibuitshi. Yebissu, dieu des pêcheurs, en barque,
tire de ses deux mains la corde d'un filet figuré sur le revers.

435. — en sentokou décoré d'un prêtre qu'accompagne un enfant.

436. — en bronze. Aigle fondant sur un singe caché dans un tronc d'arbre.
Signature : HIROTOKI.

437. — en sentokou incrusté en relief de deux poissons de bronze.
Signature : MASSATOSHI.

438. — Une face, en shibuitshi, est gravée d'un sujet représentant une
poétesse dans une barque, sous un saule aux branches retom-
bantes ; l'autre face, en shakoudo, porte incrustée en or une
longue poésie.
Signature : SOMIN.

439. — en shibuitshi. Danseur sous un arbre, gravée et incrusté.
Signature : IOKOKOU.

440. — en shakoudo sertissant une plaque de bronze où est représentée
en relief une tigresse qui traverse les flots, portant un de ses
petits sur son dos, pendant que l'autre l'attend sur le bord.
Signature : MOTOHIRO.

441. — en shibuitshi à reflets argentins. Un homme d'aspect sauvage,
couvert d'une peau de buffle, portant un sabre de riche appa-
rence, voit avec terreur son image dans l'eau d'un ruisseau.
Signature : SEIDZUI.

442. — en shibuitshi à incrustations d'or ; représentant deux bateleurs
qui font danser un singe. Une partie du revers est en shakoudo.
Signature : MASSAMORI.

443. — en bronze, portant en haut relief un vase en argent et une feuille
de lotus en shakoudo.
Signature : SHUNMEI-HOGHEN.

444. Kodzuka en fer. Sennin et apparition d'un dragon.
> *Signature :* IWAMOTO KONKWAN.

445. — en shibuitshi. oie sauvage s'abattant sur une nappe d'eau au bord de laquelle se dressent des pins incrustés en shakoudo et or.
> *Signature :* GOTO IROUJO.

446. — en shibuitshi. gravé et incrusté d'un sujet de personnages de l'école d'Otsu.
> *Signature :* HIDELLOUSI.

447. — en shakoudo chagriné, portant en relief une branche de prunier dont les fleurs sont d'argent. Au revers sont gravées deux feuilles et la signature KAMONEISHO.

448. — en fer. incrusté d'un poisson en bronze argenté.
> *Signature :* KIDZUI, à 60 ans.

449. — en shibuitshi. d'un beau métal, incrusté en relief d'or. d'argent et de shakoudo, d'un bœuf et d'un paysan qui joue de la flûte.
> *Signature :* MASSATSUNE.

450. — en argent, gravé et laqué noir d'un décor de deux oiseaux volant sous une branche de saule. en imitation d'une peinture à l'encre de Chine.
> *Signature :* JOSUI.

451. — en sentokou, gravé d'une tigresse portant son petit sur son dos. au milieu des flots
> Travail d'une très belle exécution.
> *Signature :* SEIDZUI, à l'âge de 68 ans.

452. — Une face en shakoudo, de belle qualité, ciselé en haut-relief de vagues qui roulent des coquillages faits de métaux divers; l'autre face en or gravé de vagues et d'un pont entouré d'arbres.
> *Signature :* NAGATSUNÉ.

453. — en shibuitshi : Amatérassou dans la grotte.
> *Signature :* ANADZUI.

454. Kodzuka en shibuitshi incrusté d'un tigre d'or en haut-relief. Beau travail.

Signature : MASSATSHKA.

455. —— en shibuitshi, portant en haut-relief d'argent un cygne sur l'eau dans laquelle se voit le reflet de la lune.

Signature : KONKWAN.

456. — en shibuitshi sur une face qui porte un personnage chinois debout sous un parasol, et en shakoudo sur l'autre face où l'on voit gravé le serviteur qui tient le parasol.

Belle pièce, *signée* TOSHHIRO.

457. —— en fer portant, gravé et incrusté, un personnage à cheval.

Signature : IOXI.

458. —— en sentokou ciselé en haut-relief d'un lion de Corée.

Signature : MASSAMITSU.

459. —— en shibuitshi : tigre d'un beau travail ciselé dans le métal et rehaussé d'incrustations d'or.

Signature : MITSUTOSHI, *daté Bounkwa III.*

460. —— en sentokou. Debout sur une pointe de rochers dans une grotte, le dieu Foudô entourée d'une auréole de flammes et armé du glaive, se tient devant une cascade. Le personnage est en shakoudo, son vêtement est d'or, et les eaux sont en argent.

461. —— d'un remarquable travail. D'un côté elle est en shakoudo ciselé de feuilles d'érable à frottis d'or. L'autre face est en argent gravé en relief de deux canards mandarins sur l'eau.

462. —— en shibuitshi; sur un fond légèrement gravé de lacis, une incrustation d'argent représente une femme couchée qui allaite un enfant.

463. —— en shibuitshi gravé en relief d'un cerf aux ramures d'or et d'une biche.

Signature : TOSHIDZUI.

464. **Kodzuka** en bronze rouge gravé d'un décor de plantes et incrusté
d'une chauve-souris noire, volant vers le mince croissant de la
lune, incrusté en argent.

465. — en shibuitshi décoré en divers métaux d'un héros debout sur les
nuages, qui serre le dragon dans ses bras.

466. — en shibuitshi finement incrusté en damasquine de divers métaux,
de chiens jouant avec un éventail.

467. — en fer damasquiné en or de plantes, de fleurs et de papillons.

468. — en shakoudo damasquine en or de fleurs et d'insectes.

469. — en fer. Un lapin, incrusté en argent, est dans le croissant de
la lune qui forme barque au milieu des flots écumants, sculptés
en relief dans le fer.

470. — en bronze rouge, gravé en léger relief d'un homme en bateau.
Au-dessus de lui vole le hototoguisu, incrusté en shibuitshi.

471. — genre Gôto, en or sertissant une plaque de shakoudo où l'on
voit en reliefs d'or et d'argent un personnage dévidant un fil
dont la bobine se trouve dans les nuages.

472. — imitant une poignée de sabre, avec la tresse représentée en
shakoudo, le galuchat figuré en or et le ménouki en or et argent.

473. — en shibuitshi incrusté en or d'une grue volant au-dessus d'un
ruisseau bordé de roseaux.

474. — en shibuitshi gravé. L'homme aux longues jambes portant
l'homme aux longs bras.

475. — en fer. Paysage en relief.

476. — en shakoudo chagriné, incrusté en haut relief d'une cosse de
fève en argent.

477. — en sentokou, représentant en gravure d'une très belle exécution
le bouddha Çakyamouni. Au revers un cachet.

4

478. Kodzuka en shakoudo. Coq et poule en relief de divers métaux.

479. —— en bronze. Un cheval gravé en relief et l'autre incrusté en or et argent.

480. —— en shibuitshi incrusté. Le renard pris au piège.

481. —— en bronze martelé. Le sujet gravé représente Dharma.

482. —— en shibuitshi gravé en relief d'un sujet représentant Bouddha, Confucius et Laotseu autour de la jarre pleine de saké.

483. —— en shibuitshi incrusté d'une araignée dont on voit la toile gravée au revers.

484. —— en fer ciselé en relief de deux personnages et d'un renard en argent incrusté.

485. —— en fer. Un tigre, en présence du dragon du tonnerre, se dissimule derrière des rochers.

486. —— en bronze. Guerrier à cheval sous un cerisier fleuri.

487. —— en fer damasquiné de rinceaux en or et d'armoiries en argent et or représentant des papillons, un renard, un oiseau de Hô.

488. —— en fer imitant une tresse de vannerie et incrusté en bronze de divers accessoires.

489. —— en shibuitshi incrusté d'une salamandre en shakoudo.

490. —— en fer incrusté de deux aigrettes d'argent au bord d'un ruisseau dont les ondes sont indiquées par de légers filets d'or.

491. —— en shibuitshi, décoré du Foujiyama en émail.

492. —— en shibuitshi gravé en relief d'un sennin appuyé sur son bâton.

493. **Kodzuka** en shibuitshi incrusté de divers métaux représentant Yebissu en barque.

494. —— en shibuitshi décoré du kiri en fines incrustations d'or et d'argent.
Travail d'une belle exécution.

495. **Deux Kodzuka**, l'un en bronze décoré de deux dragons en relief, l'autre en fer décoré de lions de Corée.

496. **Kodzuka** en shakondo décoré d'un groupe de cinq aigrettes en relief d'argent.

497. **Deux Kodzuka** en fer, l'un décoré d'un chasseur en haut-relief portant un arc, l'autre portant un motif décoratif en damasquine.

498. —— en shibuitshi portant sur les deux faces en damasquine un décor de paysage.

499. —— en bronze argenté, décoré d'une grue d'argent et d'un corbeau de bronze.

500. —— en shibuitshi. Légende de la marmite métamorphosée en blaireau.

501. —— en shibuitshi, avec application de coquillages en divers métaux, d'un beau travail.

502. —— en fer finement ciselé d'un sujet de paysage où paissent des cerfs.

503. —— en sentokou décoré de feuilles de vignes en shakondo.

504. —— en ivoire, dragons de nacre dans des nuages en écaille.

505. —— en shibuitshi gravé. Courses de chevaux en présence d'une assistance nombreuse.
Travail d'une exécution fine et intéressante. Chacun des personnages de la foule est curieusement étudié.

506. **Kodzuka** en shibuitshi. Légende de Confucius enfant.

507. **Trois plaques** de kodzuka représentant, en riches incrustations de divers métaux, des faisans parmi des branches fleuries.

ANNEAUX ET BOUTS DE SABRES

(FOUTSHI-KASHIRA)

508. **Six Anneaux et bouts de sabres.**
  Rats   (shakoudo), par NAGATSUNÉ.
  Fleurs   —   -- MOTOTOKI.
  Oiseaux et cerisier   --   — KONKWAN.
  Rats sur un balai   (shibuitshi), — NAGATSUNÉ.
  Dragons dans les flots   —
  Poissons dans les flots   (sentokou), — TOMOHISSA.

509. **Six** --- Grues en argent   shakoudo, par TOSHITOKI.
  Chauve-souris et cerf   —   — MASSATSHIKA.
  Libellules en or   —
  Dragons   (shibuitshi),
  Faisan et branche de cerisier   —
  Chasseur et tigre   (sentokou), — HARUNOBOU.

510. **Six** — Oiseaux sur une branche
     de prunier   (shakoudo), par MASSAAKIRA.
  Guerriers   —   — KADZUYOSHI
  Canards mandarins   —   — YEIZAN.
  Guerriers   (shibuitshi). — YEISHUI.
  Sages dans la forêt de bambous   —   — TSHOKOUDZUI.
  Rat sur un kakémono   (sentokou), — MASSAYOSHI.

511. Six Anneaux et bouts de sabres.

Pivoines   (shakoudo), par Hidémassa.
Insectes   —   — Inzi.
Fourmis et fleurs d'iris   — Goto Itsujo.
Coq. poule, poussins   (shibuitshi, — Yeidzui.
Dragon et guerrier   —
Poissons et herbes   (sentokou.

512. Six — Chevaux   (shakoudo.

Oisillons   —
Poissons   —   par Itsusugui.
Deux faisans   (shibuitshi , — Akitshika.
Deux bonzes   · ·   — Seidzui.
Diable   sentokou,

513. Six — Volubilis   sentokou.

Fleurettes   (shakudo.
Aigle capturant un singe   par Yanagawa Yeizui.
Coq. poule, poussin   (shibuitshi,   · Yeidzui.
Chrysanthèmes   —   — Yoshitshika.
Moineau et branche de prunier (sentokou.

514. Six — Tortues   shakoudo, par Nagatsuni.

Papillons
Cigale, libellule   shakoudo ,
Les flots de la mer   (shibuitshi, — Yoshikata.
Branche de prunier et pivoine   —
Toile d'araignée   (fer.

515. Six — Pointillé d'or   (shakoudo .

Motif d'arabesques   —
Poissons   —   par Konkwan.
Aigle sur des rochers   (shibuitshi, — Takuaki.
Corbeau   —   — Kakéitshi.
Tengou et tronc de pin   fer .

516. Six Anneaux et bouts de sabres.

Store et plant de mauve   (shakoudo).
Tigres et bambous   —   par TSUNÉNAO
Chrysanthèmes   —   — MASSA
Personnage   shibuitshi . — MOTOYOSHI.
Guerriers et chevaux   . . — MOTOHAROU.
Valet et cheval   (fer . — TAIZAN GHEMPO.

517. Six — Oiseau de Hô   (shakoudo), par TOSHIMASSA.
Cartouches de fleurs et d'oiseaux —
Héron-aigrette   —   — YOSHITSHIKA.
Cavalier armé   shibuitshi). — MOTOTOSHI.
Guerriers et monstre   — — HAMANAO.
Corbeaux, branche de prunier fer .

518. Six — Guerriers   (shakoudo.
Canards et cigognes   . . par HARUKADZUTOMO.
Archer et cheval   — — NOBUYOSHI.
Scène guerrière   shibuitshi , — NAGATSUNÉ.
Aigle   — — KONKWAN.
Hibou et oisillons   fer).

519. Six — Personnage à cheval (shakoudo , par YEIJU.
Foakourokoujiu sur une grue — — YOSHIN.
Chevaux en liberté   . . — NORISHIGHÉ.
Les sept sages   (shibuitshi .
Tortues dans les flots   — — NAGATSUNÉ.
Chimères et cascade   (fer).

520. Six — Yebissu et Daïkokou shakoudo . par SOMIN.
Guerriers   . . — GOTO-YETSU.
Chèvres   — — MITSUYUKI.
Vol d'oies sauvages   (shibuitshi), — TOSHITOKI.
Scènes guerrières   — — YOSHIMIDZU.
Tortues dans les eaux   fer .

521. Six Anneaux et bouts de sabres.

Deux aigles   (shakoudo), par YEISHU.
Aigle et singe   —   — YEISHU.
Fleurs (boules de neige)   —   — SHUMEI-HOCHEN.
Lapin sur les flots   (shibuitshi).
Philosophes   —
Guerriers   fer.

522. Six — Deux singes   (shakoudo), par KONKWAN.
Légende du sennin   bronze.
Aigle   —
Trois singes   (shibuitshi).
Masque   —
Vol d'oies au clair de lune   —

523. Six — Cartouches de fleurs et d'oiseaux
        (shakoudo).
Insectes   —   par YOSHIOKA-INZI
Guerriers près d'une tente   —   — TOHISTOKI.
Diable et dragon   (shibuitshi), — YOSHI-KOUNI.
Foukourokoujiu   (shakoudo, — SHUNDZUI.
Bœuf   —   — KADZUYOSHI.

524. Six — Cavaliers armés   shakoudo. par RIUTSHU.
Personnage et dragon   — TOMOYOSHI.
Poissons   —
Seigneurs et philosophes   (shibuitshi. — KONKWAN.
Gama et divers personnages   —   — KINZUI.
Cortège de daïmio   —   — MASSAMORI.

525. Six — Chevaux en liberté   shakoudo).
Tigres   —
Fleurs   —
Cavaliers dans la rivière   (shibuitshi), par YOSHIMIDZU.
Vol d'hirondelles   —   — MASSAYOSHI.
Dieux du bonheur   —   — MASSAHAROU.

526. Six Anneaux et bouts de sabres.
Le dieu Foudô   shakoudo).
Combat contre le dragon   —
Tambour et divers instruments   —
Le dieu de la guerre et son porteur de lance   (shibuitshi).
Manzaï et musiciens   —
Le sennin à la gourde   —

527. Cinq — Guerriers et diables   (shakoudo).
Bateleur et singe
Lotus et clair de lune   —
Inro, éventails, etc.   —
Plantes   —

528. Quatre — Plantes, oiseaux, etc.   fer.

529. Cinq — Grecques enchevêtrées   (fer).
Dragons dans les nuages   —
Trois chimères   (sentokou).
Imitation du laque de Gouri (l'anneau seul) bronze et shakoudo).
Incrustations d'émaux translucides   (shakoudo).

530. Sept — Bœufs   shibuitshi.
Oies et cigognes au vol   —
Personnages, guerriers   —
—   — —   —
—   —   — —
Guerriers   (shakoudo.
—   —

531. Sept — Animaux insectes, poissons, crustacés, aigles, grues.

532. Quatre — Imitation d'étoffe.
Casque et cavalier.
Fleurs.
—

533. Quatorze Anneaux en shibuitshi.

Paysan et bœuf.	par Yeidzui.
Éléphant,	Hamano Kidzui.
Cerisier,	— Zendzui.
Vol d'Hirondelles.	— Massatshika.
Cheval,	— Yoshimassa.
Le dieu Foudô	Yoshiakira.
Tête de cheval,	— Tshiokudzui.
Lutte de grenouilles.	— Nagahidé.
Poissons et pieuvre dans l'eau,	— Naotoki.
Courses de chevaux,	— Massamori.
Grue au vol,	Joko.
Boîte à écrire.	— Hodzui, à 65 ans.
Tête de cheval.	— Massatoki.
Chèvres,	— Mitokou.

534. — *a.* Dix anneaux à décors de personnages.

b. Sept anneaux à décors d'animaux divers.

c. Six anneaux à décors de paysages, attributs, etc.

d. Treize anneaux à décors divers.

535. Seize Anneaux en shakoudo.

Oiseau de Hô en or.	par Norishigi.
Chevaux.	— Tomomassa.
Faisan,	
Fleurs de cerisier en argent.	— Kato Shu.
Cailles dans les herbes.	— Tokinaki.
Pivoines en argent.	— Yeishiu.
— —	— Hidemassa.
Boîtes.	— Mass-yoshi.
Singes dans un creux d'arbre,	— Kadz tomo.
Bœuf sous un cerisier,	
Canards,	— Massaakira.
Buveurs de saké,	— Judzui.

Tortue sacrée,   par Toyo.
Feuilles d'érable.   — Kadzudzui.
Tente près d'un pin.   — Massahiro.
Diable,   — Kidzui.

536. — *a*. Treize anneaux à décors de fleurs, d'animaux, de paysages.

     b. Sept anneaux à décors de personnages guerriers, etc.

     c. Cinq anneaux à décor de fleurs ; dix à décors d'animaux ; cinq à décors de personnages.

537. — Cinquante-sept bouts de sabre en shibuitshi ciselé et incrusté. Décors de personnages. guerriers, dieux, sennins, etc.

538. — Vingt-sept bouts de sabre en shibuitshi ciselé et incrusté. Décors d'animaux divers, fleurs, etc.

539. — Dix-huit bouts de sabre en shibuitshi ciselé en haut-relief et incrusté de motifs de personnage, masques, divinités, etc.

540. — Vingt-deux bouts de sabre à décors de personnages divers.

541. — Treize bouts de sabre à décors d'animaux divers.

542. — Dix bouts de sabre en métaux divers (fer, bronze, sentokou), ciselés et incrustés de décors divers.

543 — Douze bouts de sabre en métaux divers. Décors d'animaux ciselés et incrustés.

LAQUES

—

544. Grand Plateau présentant sur fond d'aventurine, un riche décor
de feuillages et de fleurs en laque d'or, nacre, burgau, corail.

Cette magnifique pièce est portée sur quatre pieds aventurinés
et sertie d'étain.

Dimension : 0m,41 sur 0m,22.

545. Porte-sabre en laque aventuriné décoré en or sur chaque face,
de deux sapins et de bambous sous lesquels une grue posée au
bord d'un ruisseau tourne la tête vers une autre grue qui vole.
De chaque côté, un *mon*. Monture en argent bruni finement gravé
de rinceaux, avec répétition du même *mon*.

Longueur : 0m,58.
Hauteur : 0m,11.

546. Miroir avec son chevalet.

Le miroir est en bronze portant au revers le même décor et le
même *mon* que le porte-sabre du numéro précédent. Le chevalet,
en laque aventuriné, est également d'un décor et d'un travail
identique au porte-sabre.

Hauteur : 0m,88.

547. **Ecritoire** en laque noir portant pour décor un couple de cerfs dont l'un, en étain, se détache avec vigueur sur l'autre, qui est incrusté en nacre. Des plantes en laque d'or avec leurs fleurs en nacre entourent les deux animaux. A l'intérieur s'étendent des rameaux de vigne en laque d'or.

Cette pièce d'un style robuste, si elle n'est pas de la main de KORIN, provient certainement de l'atelier du maître.

548. **Ecritoire** en bois naturel veiné, avec décor en laque d'or formé d'une hotte de pèlerin déposée sous un érable, au milieu de rochers. Légers rinceaux en laque d'or sur les angles.

L'intérieur, aventuriné, est muni du petit plateau à pinceaux, de la pierre à encre et du godet à eau, ce dernier en argent, représentant un shamisen. Le dessous du couvercle est décoré en relief de laque d'or d'un paysage aquatique où paissent des oies sauvages, pendant que d'autres, au vol, se dirigent vers l'eau.

549. **Boîte à jeu** en bois. Chacun des jetons est décoré d'un motif de fleurette en laque d'or. Le couvercle est orné de dix fleurs de chrysanthème en relief de nacre.

550. **Cabinet** à inrô en bois rouge brun verni, décoré en laque usé de deux chevaux qui se poursuivent. Deux petites portes à glissière sont décorées de paysages en laque d'or sur fond noir. Les serrures, poignées, et charnières sont en cuivre découpé et gravé.

551. **Porte-sabre** en laque; le panneau central est décoré d'un paysage de style chinois en incrustations de nacre et d'ivoire. Une ouverture circulaire est ménagée au milieu de ce panneau. Les montants sont décorés en laque peint d'oiseaux de Hô sur un fond de rinceaux.

552. **Deux panneaux** rectangulaires décorés sur fond d'aventurine l'un d'un décor de grues sous des pins et des bambous, l'autre de médaillons de diverses formes à motifs de paysages.

Dimensions : 0m,73 × 0,m,30.

553. **Panneau** en laque noir décoré d'un casque et d'un sabre richement laqués en or et en couleurs.

Dimensions : 0m,55 × 0m,43.

554. **Panneau** en bois laqué décoré en relief d'un homme vu à mi-corps, dont le bas du visage est caché par une étoffe, et qui porte sur son épaule une branche de cerisier fleuri à laquelle sont attachées des poésies.

555. **Boîte en laque** d'or figurant deux carrés mordant l'un sur l'autre. Décor de rinceaux et de fleurs de différentes couleurs.

556. **Petit pot à thé** à décor de chrysanthèmes tracés par des traits noirs sur fond d'or mat. Intérieur décoré d'un semis d'herbes et de fleurettes en laque d'or sur fond noir pailleté d'or.

557. **Boîte** trilobée, décorée sur fond d'aventurine d'un semis de feuille et de fleurs de chrysanthèmes.

558. **Plateau** carré à bords droits, laque noir incrusté d'un motif de sabre et de flèche en bois et galuchat.

Signature : RITSUO.

559. **Étui** en laque noir incrusté en diverses matières d'une figure de vieillard et de bambous.

560. **Boîte à parfums** laque d'or pailleté en forme de papillon.

561. **Petite boîte à parfums** en laque d'or et aventurine en forme de coquillage. Elle est incrustée d'un semis de fleurs et de feuillages formés de matières diverses.

562. **Petite boîte** rectangulaire en laque d'or, à coins arrondis, parsemée de branches fleuries avec incrustation d'argent et de nacre.

563. **Deux boîtes à parfums** en laque noir décorées, l'une d'un paysage marin, l'autre d'instruments de musique servant à la danse de Nô.

564. **Très petite boîte** en laque décorée d'un dessin de vagues où flottent des feuilles d'érable.

565. **Panneau** en bois naturel décoré de touffes d'herbes en laque d'or et incrusté en faïence d'un fragment de tuile et d'un plan d'œillet fleuri.

566. **Grand cabinet** aventuriné garni de portes et tiroirs en laque d'or incrusté d'ivoire et de nacre dont les sujets figurent des personnages de la Chine antique ou d'oiseaux au milieu des fleurs. Les côtés sont semés du *mon* de la famille du Shôgoun et le meuble est placé sur un socle rectangulaire à quatre pieds élevé.

567. **Plateau** rectangulaire, à angles rentrés, en laque d'aventurine, monté sur quatre pieds bas, décoré en or et incrustation de burgau d'un daïmio et de ses gens qui se reposent au cours d'une promenade.

568. **Cabinet** en laque noir décoré d'arbres fleuris en laque d'or avec incrustations de nacre représentant des oiseaux. En ouvrant la porte du meuble on trouve trois tiroirs finement aventurinés.

569. **Grand plateau** somptueusement enrichi d'or et d'ivoire. La scène représentée figure la déesse Amatérassou sortant de la caverne aux sons de la musique exécutée par quatre dieux et par la danseuse Odzoumé.

570. **Deux panneaux** en bois naturel, sur lesquels se détachent des cartouches peints d'une figure de diable ou d'une branche fleurie, accompagnée d'un jouet d'enfant.

INRO

571. Inrô à six cases en laque d'or, décoré en laque frotté de diverses couleurs, sur une face de deux bateleurs et sur l'autre face de trois enfants, d'après un dessin de Hanaboussa Ittsho. Netsuké en laque d'or en forme de bouton serti d'étain, à décor de papillon et de chrysanthèmes. Coulant en cornaline.

> Cette pièce, précieuse et rare, est tellement estimée par les Japonais, que Wakaï, l'expert bien connu de Tôkio, a désiré la remporter au Japon pour la montrer aux amateurs de son pays ; il a prié au propriétaire de déposer une caution de mille francs jusqu'au retour de la boîte.

572. — à quatre cases en laque noir décoré en laque et burgau : sur une, face d'un seigneur à cheval, sur l'autre face d'un personnage à pied.

573. — à quatre cases en laque noir, décoré en laque d'or d'un groupe de personnages qui passent une rivière en bateau.

574. — à trois cases en galuchat décoré en laque d'or d'un Hotéi accroupi et de sa balle de riz.

575. — à trois cases en laque noir décoré en laque d'or à plusieurs pins masquant en parti un torii incrusté en nacre et un paysage montagneux.

576. — à cinq cases, en laque d'or, décoré d'enfants en relief. Incrustations de nacre.

Signature : SANSUISAÏ.

577. — à cinq cases, en laque d'or. Sur un fond de paysage une déesse accompagnée d'une suivante, qui se trouve représentée sur l'autre face. Les deux figures sont incrustées en métaux divers.

578. — à cinq cases, en laque d'or ; décor de fleurs incrustées en nacre, corail, or et shibuitshi. Netsuké en ivoire avec bouton de shibuitshi, ciselé et incrusté d'un enfant qui chasse les chauves-souris. Coulant en cornaline.

579. Inrô à cinq cases, en laque d'or, décoré en relief d'un montreur de singes; sur l'autre face une chaumière.
Signature. TATSUKI KWO-KOSAÏ, *à 79 ans.*
Netsuké bois, le Shoki sur sa chimère. Coulant en laque.

580. — à quatre cases en bois naturel à coins arrondis; décor en laque d'or représentant le sennin Gama et son crapaud.

581. — à trois cases, en laque noir, décoré en reliefs de laque noir de chevaux en liberté.
Signature : KWANSEI.
Netsuké en bois, masque d'Okamé. Coulant en fer incrusté d'or.

582. — à quatre cases en laque rouge. décoré de chevaux; reliefs de laque noir et or.

583. — à quatre cases en laque noir saupoudré d'or. décoré en relief de laques rouge. noir et or, et incrustations de nacre, d'un groupe de trois seigneurs. Au revers, en laque frotté. le toit d'un temple sous les pins.
Signature : TEKIDAÏ.
Netsuké et coulant en ivoire sculpté.

584. — à cinq cases en laque d'or. Paysages.
Netsuké en ivoire représentant un régime de maïs.
Coulant en shibuitshi finement ciselé d'une branche de cerisier.

585. — à cinq cases en laque pailleté d'or, décoré de deux faucons de chasse, dont l'un en laque noir.
Netsuké en ambre rouge, coulant en porcelaine blanche.

586. — à cinq cases, angles arrondis. en laque d'or, décoré en relief de deux faucons.
Signature : KAJIKAWA.

587. — à six cases en laque d'or décoré en reliefs de deux milans sur une branche de cerisier.
Signature : KAJIKAWA.
Netsuké en laque d'or sculpté. Coulant en cornaline.

588. — en laque brun sculpté représentant une branche de kaki, sur un fond rouge.

589. **Inrô** en forme de boite à bords sertis de métal. Laque noir incrusté
d'un poisson en nacre.

   Netsuké en bois noir, masque de diable. Coulant en shibuitshi
niellé.

590. — à quatre cases en laque brun sculpté du genre de laque appelé
Gouro. Intérieur finement aventuriné.

591. — à quatre cases en laque brun rouge. Vols de cigognes dans les
pins, en laque de différentes couleurs.

592. — à cinq cases en laque noir, très finement décoré de bambous en
laque d'or frotté.

   Netsuké en forme de bouton laqué d'or, à décor de vagues.
   Coulant en cornaline.

593. — à quatre cases en laque brun sculpté et décoré en relief sur
une face d'une chimère et d'une soie de sabre, incrusté sur
l'autre face d'une faïence représentant un fragment d'assiette, et
sculpté d'une partie de garde de sabre.

   Signature : KIM NURA JIKKIOKOU.

594. — en laque noir burgauté. Le philosophe qui se lave les oreilles à
la cascade, après avoir entendu les mensonges de la cour. Sur
l'autre face, un personnage conduisant un bœuf.

   Netsuké en ivoire. La marmite légendaire qui se transforme en
blaireau.

595. — à quatre cases en faïence d'Hizamo. Peinture représentant
les sept dieux du bonheur.

596. — à coulisse et quatre cases. Shakoudo ciselé et incrusté d'oiseaux
de Hô en or et divers métaux.

   Coulant en métal.

597. — à cinq cases, bords arrondis, en laque d'or. Sur chaque face,
dans un cartouche circulaire, oiseau de Hô et licorne.

598. — à cinq cases. Sur une face en laque d'or, est le dieu du tonnerre
en laque noir usé, sur l'autre face en laque gris, est gravé le dieu
du vent.

   Netsuké en bois naturel laqué de deux fleurs de prunier.

PEIGNES

599. **Peigne** en laque granité imitant le cuir et décoré de poissons et de crustacés en laque d'or et de diverses couleurs.
Signature : KAJIKAWA.

600. **Petit peigne** en laque d'or, décoré d'une vue de jardin.

601. **Peigne** en ivoire incrusté en écaille, nacre et corail d'une libellule et d'une branche de kaki.
Signature : GIOKUSAI.

602. — en ivoire décoré en laque d'or et corail d'une liane et d'un oiseau.

603. — en laque d'or décoré de fleurs incrustées de pierres et de corail.

604. — en laque d'or à sujets de personnages empruntés à l'école de Tosa.

605. — en laque d'or décoré d'un prunier fleuri avec incrustation de nacre et de corail.

606. — semi-circulaire en laque d'or, sculpté d'un fouillis de fleurs et de feuillage.

607. — en laque dont le fond sombre est finement décoré en tons rouges et ivoirins d'un paysage de style européen.

608. — en laque noir et or décoré d'une branche de boule de neige.

609. — en laque brun orné de deux feuilles stylisées sur un fond de bâtons rompus.

610. — en laque noir avec des vagues en or stylisées où tourne une roue de moulin.

611. **Peigne** de forme cintrée en bois naturel incrusté de corail et de nacre à large motif de chrysanthèmes.

612. — décoré en laque d'or sur noir d'un semis de cachets partiellement incrustés de nacre qui s'enlèvent sur des fonds de petits dessins géométriques.

613. — finement ornée en or du *mon* des Tokouga-a dix fois répété.

614. — en ivoire ajouré d'un motif d'éventail au milieu de rinceaux.

615. — en ivoire de forme allongée où se découpent deux feuillages symétriquement disposés.

616. — en écaille laquée d'or, à réserves de moineaux dans les bambous.

617. **Deux peignes** en laque d'or à semis de fleurs.

618. **Peigne** de forme cintrée orné de miniatures en laque d. Walakhi.

619. **Deux peignes** l'un en laque d'or incrusté de corail, l'autre en ivoire découpé.

620. **Deux** — l'un en ivoire rouge, l'autre en laque d'or.

621. **Deux** — l'un en bois sculpté et doré, l'autre en laque d'or incrusté de corail.

622. **Deux** — l'un en laque d'or incrusté de corail, l'autre en bois sculpté et laqué.

MASQUES

623. **Masque** en bois naturel de patine brun foncé.
Signature en laque d'or à l'intérieur : Dîmé Ouman.

624. — de vieillard en bois laqué, portant à l'intérieur le cachet Dîmé Ouman.

625. — grimaçant, en bois laqué et peint.

626. — de Niô en bois laqué et peint.

627. — de vieille femme en bois laqué.

628. — d'homme, en bois laqué, cheveux et barbiche en crin.

629. — de servante, en bois laqué.

630. — d'homme, en bois laqué et peint.

631. **Masque de Nô**, surmonté d'un diadème en bronze ajouré et doré. Pièce d'un très puissant caractère.

632. — également du style archaïque le plus remarquable.

633. **Six masques variés.**

634. **Vingt petits masques.** Ce lot sera divisé.

OBJETS EN BOIS

635. **Groupe de deux manzaï** en bois sculpté, tenant un tambourin de bois et un éventail d'ivoire. Les vêtements des deux personnages sont décorés en laque d'or, l'un de grues et de branches de sapin, l'autre de kaki.

> Hauteur : 0 m,25.

636. **Vase d'applique** en racine de bambou avec incrustations de cuivre, de plomb et d'ivoire. Pièce remarquable, qui a été reproduite dans l'*Art japonais* de M. Louis Gonse. L'intérieur est doublé en bronze.

> Hauteur : 0 m,22.

637. **Statuette** représentant un ascète sur un rocher au-dessous duquel on voit un cerf de petite taille et un tigre qui lèvent la tête vers le dieu. La patine est d'un ton admirable, qui rappelle les plus beaux bronzes vénitiens.

> Hauteur : 0 m,19.

638. **Étui à pipe** en bambou de couleur fauve, portant un très beau décor gravé de poissons, les yeux incrustés en nacre. Cette pièce, d'une exécution ferme et libre, est signée : Ikko. Petit couvercle en ivoire.

> Longueur : 0 m,28.

639. **Étui à pipe** en bambou de teinte brune, incrusté en nacre et métaux divers de fourmis et de leurs cocons.
Charmant travail. *Signature :* GAMBOUN.

640. — bois brun, incrusté en cuivre d'un personnage debout près d'une lanterne.
Une petite pièce d'incrustation manque.

641. **Petit meuble** en bois naturel, à cinq tiroirs, garnitures argent.

642. **Porte-sabre** en bois naturel sculpté, d'un côté une carpe dans les eaux, de l'autre un dragon ; les montants simulent des vagues écumantes.

643. **Cabinet** en bois ciré. La partie supérieure ajourée se relève et, en se renversant, forme un porte-sabre sur le meuble, les poignées des tiroirs sont en bronze.

644. **Socle** en bois de fer, forme de tabouret à quatre pieds.
Hauteur : 0 m. 30.

645. **Divinité** bouddhique à six bras en bois sculpté et polychromé.

646. — en bois sculpté et laqué d'or, entourée d'une gloire.

NETSUKÉ EN BOIS

647. **Netsuké** en bois clair représentant l'homme aux longues jambes.
Signature : MASANAO.

648. — Masque de vieillard en bois clair.

649. — Personnage.

650. **Deux netsuké.** Voyageur dans la benne servant à franchir les précipices. — Singe saisi par une pieuvre.

651. Trois netsuké. Crapaud sur une sandale de paille. — Tortue
portant ses quatre petits. (La tête est mobile.) — Panier de pêche
d'où sort une pieuvre.

> La tortue est signée MASSA-TSUMI.

652. Trois netsuké. Guerrier légendaire appuyé sur sa lance. — Chimère. — Le sennin Gama et son crapaud.

653. Quatre netsuké. Lapin devant un pilon. Signé : MASSAKADZU.
— Tortue portant son petit. — Chimère (en ébène). — Personnage
portant un chien.

654. Cinq netsuké. Dharma accroupi. — Cigale sur une noix. —
Coq, poule et poussins (en ébène). — Singe caché dans une châ-
taigne. — Personnage.

655. Quatre netsuké. Jument et son poulain. — Corbeau sur une
tuile en ébène. — Divinité tenant un enfant. — Fou de cour ou,
drapé dans son manteau de manière à figurer de dos une tortue.

656. Quatre netsuké. Buveur de saké en ébène. — Jeune homme
accroupi présentant une boîte (tête et mains en ivoire). — Coquillage. — Buveur de saké dans une coupe.

657. Netsuké en bois et métal représentant un morceau de vieux bois
et des feuillages.

658. Trois netsuké l'un en bois fauve représentant une noix sur
laquelle se hisse une petite tortue, l'autre en bois noir représentant un bœuf couché, sur le dos duquel un personnage est assis,
jouant de la flûte, et le troisième en bois fauve clair, un masque
de diable.

659. Netsuké représentant un champignon à demi pourri, où courent
des fourmis en métal incrusté.

660. Netsuké en grès de Bizen représentant un enfant appuyé sur
une meule.

IVOIRES

NETSUKÉ EN IVOIRE

661. **Deux netsuké.** Souris tenant un navet — grenouille sur une feuille de lotus.

662. **Trois netsuké.** Bœuf couché. — Deux cailles sur des grains de maïs, *signé* OKATOMO. — Singe pincé par un crabe.

663. **Trois netsuké.** Singe sur un champignon. — Tigre et dragon. — Loup dévorant un singe.

664. **Cinq netsuké.** Enfant sur un bœuf. — Caille sur des grains de maïs, *signé* OKATOMO. — Cheval portant une souris. — Aigle pillant un blaireau. — Éléphant portant deux petits personnages.

665. **Quatre netsuké.** Le sennin Gama portant son crapaud. — Jouet d'enfant représentant un chat (incrustations de nacre et de corail). — Groupe de neuf masques. — Guerrier à la bouteille de saké.

666. **Cinq netsuké.** Dragon formant une garde de sabre. — Bouton portant de chaque côté un masque gravé en creux. — Jument et son poulain. — Bouton évidé et repercé, incrusté en argent, d'une oie qui passe devant le croissant de la lune. Petit masque en bec d'oiseau.

667. Cinq netsuké. Bouton gravé en creux d'un enfant qui bat du tambour. — Deux navettes. — La vieille poétesse Komatshi assise sur une poutre. — Masque de diable. — Bouton finement gravé sur les deux faces de pages de poésies.

668. Cinq netsuké. Bouton rectangulaire gravé en creux d'une tête de shóki. — Hotei portant un enfant qui cabriole sur sa tête. — La vieille Komatshi. — Cheval passant dans une toile d'araignée. — Bouton portant un tengou gravé en creux.

669. Quatre netsuké. Les sept dieux du Bonheur dans leur barque. — Groupe de sept masques, *signé* KIKOUKAWA. — Bouton évidé et repercé, paysanne battant le maïs. — Dharma grimaçant.

670. Netsuké en ivoire. Montreur de singe endormi.

BOUTONS

671. Bouton en fer incrusté en shibuitshi et or d'une figure de Bouddha debout sur des nuages.

672. — en shibuitshi gravé en creux d'un éléphant couché, tenant une feuille de lotus dans sa trompe, sur lequel grimpe Bouddha enfant, dont le dessin n'est indiqué que par un trait de gravure.
Gravé par SHOUKAKOU sur un dessin d'OKIO.

673. — en shibuitshi ciselé en relief, représentant le sennin Gama monté sur son crapaud.
Signature : MINSIII.

674. — en shibuitshi gravé au trait et incrusté d'or représentant le sennin Gama qui fait danser son crapaud au son du shamisen.

675. — en shibuitshi gravé et ciselé en relief d'une divinité assise sur les nuages.

676. Bouton en shibuitshi ciselé en relief d'un diable qui porte une cloche au bout d'un bâton.

Signature : RITSUMIN.

677. en argent ciselé d'un rakan en présence du dragon.

Signature au revers : TOSHINAGA.

678. — en argent décoré de trois corbeaux en silhouette d'après un célèbre dessin de Korin. Monture en bois. Travail d'une grande finesse.

679. — argent ciselé et ajouré : motif d'herbes fleuries au-dessus desquelles volent deux papillons.

680. — en shibuitshi, argent et or. Reflet dans l'eau d'un héron à aigrette.

Cette petite pièce est d'une exécution charmante.

681. — en shakoudo décoré d'un Dharma et d'un prêtre en shibuitshi.

Au revers l'inscription : TEMMIN, *à 69 ans.*

682. Sept boutons en shibuitshi décoré de divers sujets de personnages.

683. Sept boutons en shakoudo ou shibuitshi, à décors de personnages ou d'animaux.

684. Bouton en shibuitshi ciselé et incrusté en relief du juge des enfers qui montre du doigt une image de courtisane.

Signature : TEMMIN, *à 61 ans.*

685. — en or gravé de Dharma marchant sur les flots.

Signature : TEMMIN, *à 70 ans.*

686. — en or découpé et ciselé, et enchâssé sur un morceau d'ivoire. Deux manzaï.

OKIMONO

687. Statuette en ivoire : Kwanon debout, portant un poisson dans un panier.

Hauteur : 0^m,10.

688. Statuette en ivoire. Le Shôki.

> Hauteur : 0^m,10.

689. — en corne de cerf. Bouddha sur un piédestal.

690. — en corne de narval. Pêcheur portant un enfant.

> Hauteur : 0^m,08.

691. — en ivoire. Le sennin Gama et son crapaud.

> Hauteur : 0^m,09.

692. — en ivoire. Personnage légendaire qui écrit en portant un brûle-parfums sur sa tête, symbole de la force physique et intellectuelle.

> Hauteur : 0^m,09.

693. — en ivoire. Sennin portant une coupe d'où sort le dragon.

> Hauteur : 0^m,09.

694. — en ivoire. Personnage assis sur un rocher au bord de la mer.

695. Groupe en ivoire représentant le Shôki qui guette les diables cachés derrière un écran.

> *Signature :* HIDÉGHIOKOU-SAI.

696. — composé d'une guésha qui fait danser un squelette au son du shamisen pendant qu'un singe verse à boire.

697. — Ronde de personnages en costume chinois.

698. — L'impératrice Jingo confiant son fils au vieux guerrier.

699. — Paysans et cheval.

700. — Danseurs.

701. **Groupe en ivoire :** Paysan faisant paître son cheval.

702. — Personnages portant un attribut sacré.

703. **Crâne** en ivoire, avec la mâchoire inférieure articulée.

704. **Petit crâne** en ivoire.

705. **Manche de poignard** formé d'une extrémité de défense, sculpté en relief d'un aigle qui poursuit des singes cachés au creux d'un tronc d'arbre.

OBJETS EN FER

706. **Crabe** articulé. L'intérieur est évidé et forme une petite boîte doublée d'argent sur le couvercle de laquelle est posé un petit crabe en fer.

Signature : Miotshin Tsunéyoshi, à 71 ans.

707. **Langouste** articulée.

Signature : Tsunéyoshi, à 72 ans.

708. **Boîte** en forme de feuille. Le couvercle est retenu par une charnière en forme de papillon. Trois insectes en argent ciselé sont appliqués sur le couvercle.

Reproduite dans l'*Art japonais*, t. II, p. 177.

709. **Petite boîte** rectangulaire ($0^m.05 + 0^m.03$) dont le couvercle est incrusté en or d'un tigre sous une branche de pin.

710. **Paire de petits tubes** portant, ciselés en plein métal, des animaux divers (dragon, cerf, tigre, serpent, lièvre, bœuf, sur l'un ; singe, coq, écureuil, chien, cheval, sanglier sur l'autre).

Le pied manque à l'un d'eux.

711. **Deux chandeliers** niellés d'argent.

712. **Deux paires d'étriers** niellés d'argent.

BRONZES

CIRES PERDUES

713. **Oiseau de proie** perché sur un tronc d'arbre.
> Hauteur : 0^m,30.

714. **Aigle** posé, les ailes éployées, sur un rocher que baigne la vague. Un crabe semble regagner l'eau en hâte sous l'œil menaçant du rapace.
> Hauteur : 0^m,23.

715. **Crabe** dressé sur ses pattes, les pinces ouvertes. Le dessus de la carapace s'enlève, formant couvercle de brûle-parfums.
> Longueur : 0^m,23.

716. **Brûle-parfums** chinois à anses formées de dragons. La panse est décorée de deux bandes circulaires d'ornements et porte près de l'orifice une longue inscription votive gravée en creux :
> « En 1522, dynastie des Ming, règne de l'Empereur Kia-tsin, le mandarin Wong-Gial a offert à la pagode des trépassés ce vase pour contenir du sable et brûler des cierges. »
> Couvercle en bois de Canton.
> Longueur : 0^m,22.

717. **Mante religieuse** portant en dessous la signature SEIMIN.

718. **Jardinière carrée** en bronze décorée en relief d'animaux fantastiques.

> *Signature :* SEIMIN.
>
> Longueur : 0ᵐ.13.

719. **Dragon** dressant sa tête et sa queue dans une attitude contournée. Cire perdue d'une extrême finesse de détail.

> Hauteur : 0ᵐ.22.

720 **Crapaud** d'une patine brun verdâtre portant en dessous la signature :

721. **Tortue** signée SEIMIN.

722. **Tortue.**

> L'extrémité de la queue est cassée.

723. **Encrier** formé d'un plateau circulaire en bronze portant une dépression pour contenir l'encre de Chine. Sur le bord sont cinq petites tortues d'une exécution archaïque.

724. **Poisson** fantastique à tête de monstre. Les yeux sont incrustés en verre.

> *Signature sous les ouïes :* YITTO

725. **Brûle-parfums** formé d'un coq posé sur un tambour décoré de rinceaux.

726. **Statuette** de Foukourokoudjiu, tenant à la main un rouleau d'écritures, et assis sur un socle formé de feuilles retombant sur un tronc d'arbre.

> Longueur : 0.27.

727. **Petit brûle-parfums** formé d'une jeune chimère se hasardant en équilibre sur une boule de grande chimère.

> Hauteur : 0ᵐ.14.

728. Cigale, grandeur nature. Petit bronze d'une grande délicatesse
d'exécution et de fonte.

729. Encrier portatif avec l'étui à pinceaux. Cette pièce, très ancienne,
est niellée sur une face d'une grecque qui entoure un décor en
bas-relief formé d'un dragon dans les nuages, très archaïque. La
face inférieure est décorée de la même manière de nuages entourant une inscription.

    L'étui à pinceau est ajouré et se termine par une douille rapportée
en bronze rouge. Une courte tresse verte réunit les deux pièces,
serrée par un petit coulant niellé d'une grecque.

730. Jardinière de suspension, en forme de bateau, dont le dessous
est orné d'un décor de vagues.

731. Canard posé debout sur un petit socle de bronze. une patte
remontée sous le ventre.

    La partie supérieure du corps s'enlève. formant couvercle de
brûle-parfums.

    Hauteur : 0^m,28.

732. Oie. La tête levée, le dessus du corps formant couvercle de brûle-
parfums.

733. Coq accroupi, les longues plumes de sa queue dressées et formant
couvercle de brûle-parfums.

    Hauteur : 0^m,21.
    Deux ergots manquent.

734. Jardinière ronde, décorée en relief de grues dans les nuages, et
terminée en une pointe que tient dans sa gueule un crapaud formant socle.

    Hauteur : 0^m,34.
    Une patte du crapaud est réparée.

735. Langouste campée sur ses pattes, la queue repliée, les antennes
dressées.

736. **Hoche-queue** posé sur un petit socle de bronze en forme de
rocher.

L'exécution, très simplifiée, présente un curieux caractère
archaïque.

Hauteur : ...

737. **Vase** imitant une vannerie de bambou.

Pièce d'une ...

Haut. : ...

738. **Deux petits personnages :** L'un debout, en bronze plein,
drapé dans des vêtements dont la facture est d'une belle souplesse.

Hauteur : ...

L'autre, est une déité indienne à quatre bras, les jambes
croisées, sur un petit socle de bronze, autour duquel sont rangés
un serpent, un quadrupède fantastique et trois personnages dont
l'un supporte le pied du dieu.

Hauteur : ...

739. **Trois pièces :** a. Petite boîte octogone en bronze de patine
noire, niellé de fleurettes d'argent.

b. Étui à pinceau cylindrique en shibouïtshi, à fleurs d'argent.

c. Godet à eau représentant un enfant assis dans un tambour qu'il
a crevé.

740. **Pièce chinoise.** Oiseau fantastique formant un vase sacré,
avec niellures d'or et d'argent.

741. **Trois petites pièces.** Étrier en shibouïtshi délicatement niellé
d'arabesques en or et argent et livre ouvert sur lequel sont posés
divers objets et instruments de musique. Petit singe en bronze
plein.

712. **Jardinière** carrée offrant sur chaque face un bas-relief d'animal chimérique sur un fond d'alvéoles. Le dessous présente également-ment des reliefs d'une fonte remarquable avec la signature SEIMIN.

713. **Deux grandes coupes** en bronze chinois décoré en bas-relief de rinceaux de feuillages et d'animaux.

714. **Brûle-parfums** représentant un sage chinois monté sur un mulet.

715. **Groupe de deux tortues.**

716. **Suspension** formée d'un oiseau posé sur un perchoir courbé en cercle.

717. **Brûle-parfums** tripode, patine foncée. deux anses formées de chimères.

718. **Personnage** debout. Le sennin Gama et son crapaud.

719. **Grande jardinière** rectangulaire en bronze, décorée en haut-relief d'un dragon dans les flots. Deux anses à têtes de chimères.

KANAMONO

720. **Quatre belles pièces** assemblées en forme de châtelaine et supportant une montre d'or. La première représente en shibuitshi ciselé et incrusté d'or et d'argent deux faisans sous un cerisier en fleurs. La seconde, également en shibuitshi, représente l'histoire du guerrier qui coupe le bras du monstre dévastateur. La troisième est formée d'un serpent et d'un crapaud en or, et d'une limace en bronze. Une petite tortue d'argent supporte l'anneau de la montre. Le boitier de celle-ci est formé d'un bouton de métal ciselé et incrusté représentant deux pêcheurs en bateau, sur un lac entouré de montagnes.

751. **Plaque** rectangulaire émaillée vert et bleu et décoré en or et argent de jeux d'enfants.

752. **Applique** en argent représentant deux fumeurs assis en face l'un de l'autre.

753. **Applique** en métaux divers ciselés (shakoudo, or et argent) représentant une musicienne céleste.

754. **Applique** en or et argent représentant deux des dieux du bonheur occupés à piler du motshi dans un mortier.

755. **Applique** en or et argent représentant deux enfants qui jouent aux dames sous l'œil bienveillant du dieu Foukourokoujiu.

756. **Grande plaque** en bronze et shibuitshi représentant la vieille poétesse Komatshi qui se repose sur une souche d'arbre, au milieu de plantes fleuries.

757. **Deux appliques** en métaux divers ciselés représentant l'une la légende de la vieille femme et du moineau qui avait la langue coupée, l'autre l'exemple de la piété filiale d'une jeune femme donnant le sein à sa vieille mère.

758. **Cinq plaques** rectangulaires en bronzes divers ciselés, à décor de personnages légendaires.

759. **Grande applique** en divers métaux, formée d'un casque posé sur un sabre. Belle ciselure.

760. **Deux pièces** argent ciselé. Oiseau de Hô et grue sacrée, les ailes éployées.

761. **Plaque en bronze** ciselé, représentant un serpent qui menace un crapaud, dans le feuillage.

762. **Cinq petites plaques** gravées, sujets divers.

763. **Trois appliques** en métaux divers ciselés. (Deux porteurs, trois rakans prenant le thé, trois voyageurs autour d'une bouilloire qui chauffe sur un feu en plein air.)

764. **Deux paires de ménouki** en shakoudo et or ciselés. Corbeilles de fleurs ; fleurs et insectes.

765. **Trois appliques** en bronzes divers représentant deux fusils et des attributs guerriers.

766. **Neuf ménouki,** métaux divers.

767. **Trois plaques** en shakoudo ciselé, décorées d'oiseaux et de plantes des marécages, et deux plaques de cuivre en forme de feuilles d'érable.

768. **Trois ménouki** en bronze. Dragon, deux souris.

CÉRAMIQUE

769. **Statuette** en grès de Bizen représentant Daïkokou tenant le maillet dans sa main, et à demi couché sur une balle de riz.
Hauteur : 0m,20.

770. **Statuette** en grès de Bizen représentant le rakan qui élève dans sa main gauche la sébille d'où sortira le dragon.
Hauteur : 0m,30.

771. **Grande bouteille** en porcelaine de Chine bleu violet.
Hauteur : 0m,32.

772. **Paon** en porcelaine bleue et rose, posé sur un rocher fleuri de pivoines.
Hauteur : 0m,34.

773. **Vase d'applique** en porcelaine de Chine. Forme de demi-potiche, à décor polychrome de lotus sur un fond jaune avec réserve d'un cartouche blanc où se lit une longue poésie. La partie inférieure s'engage et se soude dans un socle en porcelaine brune à rinceaux d'or.
Hauteur : 0m,38.

774. **Petit plateau** rectangulaire à bords droits, en porcelaine d'Arita polychrome.
Dimensions : 0m,12 × 0m,30.

775. **Petit personnage** assis, à demi nu. Les parties du corps découvertes sont en biscuit de teinte fauve, le vêtement en céladon.

776. **Bol** de Rakou, forme balustre, émail rosé, décoré de la perle bouddhique en émail blanc.

777. —— de Rakou taillé à facettes, émail d'un ton grisâtre incrusté d'un décor de feuillages en émail blanc.

778. —— de Sôma, de forme cylindrique à dépressions : le cheval traditionnel, armoiries de la famille princière de Sôma, s'aperçoit grevé dans le fond ; tandis que l'extérieur du bol est couvert d'un émail brun d'une exceptionnelle puissance.

779. —— de Sôma, de forme cylindrique, fond brun moucheté. Spécimen d'une grande rareté.

780. —— d'Oribé, de forme ovale, orné de larges coulées d'émail vert.

781. —— par Rokoubé, de Kioto, émail truité, largement décoré de branches de pin entourées de lianes.

782. —— de Rakou noir, nuancé de rouge.

783. —— de Rakou, forme cylindrique, émail verdâtre et rosé, avec des reflets irisés.

784. —— d'Oribé, émail truité, à larges coulées bleu-vert.

785. —— de Rakou, forme surbaissée, émail rosé tacheté de rouge.

786. —— évasé, en grès de Séto jaune, appelé Kiseto ; spécimen rare et précieux.

787. —— de forme évasée, recouvert d'un émail vert foncé à reflet métallique.

788. —— de forme rectangulaire à coins arrondis, par Rokoubé ; émail brun moucheté de blanc crémeux.

789. **Bol** de Séto, forme ovale, émaillé de brun à deux tons.

790. **Petit bol** coréen. Très ancien spécimen de Mishima.

791. **Bol** de Rakou, émail noir éclairci par places de blanc jaunâtre.

792. —— hémisphérique. Son émail blanc est craquelé à la façon d'une peau de serpent.

793. —— en terre rugueuse, de forme campanulée, couvert d'un émail jaune craquelé, avec taches vertes et coulées d'émail brun.

794. —— d'Oribé décoré de pins et d'une coulée d'émail vert et bleu.

795. —— d'Owari, émail blanc à taches brunes.

796. —— de Rakou, à émail brun foncé avec quelques taches plus claires.

797. **Bouteille** en grès de Karatsu, forme gourde, décorée d'un émail multicolore.

798. **Vase** cylindrique en terre brune recouverte d'un émail blanc grisâtre craquelé à l'imitation de la peau de serpent.

799. **Bouteille** en terre de Karatsu, avec émaux de couleurs variées et décor de pivoines en relief.

800. —— cylindrique en poterie d'Oribé, émail brun et vert.

801. —— en grès de Bizen brun foncé saupoudré de taches fauves.

802. **Deux Bouteilles** à long col en grès de Bizen brun rougeâtre avec quelques taches jaunes.

803. **Bouteille** en grès de Bizen en forme de courge à goulot court, avec trois feuilles de vigne en relief.

804. **Vase** en grès de Bizen : forme de sablier.

805. **Bouteille** de Sôma, dans la forme d'une gourde en cuir, coulées d'émail brun foncé sur fond plus clair.

806. **Petit vase** en terre de Séto brune à coulée d'émail gris et bleu.

807. **Vase** en grès de Tamba, émail brun à reflets irisés.

808. **Petite bouteille** de forme surbaissée par SHUNTAÏ (signée). La panse est couverte d'un émail noir irisé et le col d'une coulée blanche craquelée.

809. **Pot** en terre d'Owari fauve recouverte en partie d'un émail blanc craquelé.

810. **Porte-bouquet** en grès brun verdâtre, avec le goulot bleuâtre.

811. **Petit vase** par KITCHIBÉ (signé), émail ivoirin, décor Mishima.

812. **Pot à cendres** cylindrique en faïence d'Imado, décorée de trois médaillons d'arbustes fleuris divisés par des entrelacs.

813. **Midzusashi** en terre de Séto, revêtu d'un émail verdâtre grésillé.

814. **Vase d'applique** en porcelaine de Hizen représentant une cascade que remonte la carpe légendaire.

815. **Boîte à parfums** en poterie décorée de cigognes.
A l'intérieur, la signature de KENZAN.

816. **Midzusashi**, par YÉRAKOU.

817. **—** en poterie décorée de personnages bouddhiques.
Signature : NINSEI.

818. **Bouteille** de Kiôto, émail truité avec un large décor en brun et bleu d'une branche de prunier fleuri.

819. **Petite coupe** flammée à quatre pieds en forme de feuilles de lotus.

820. **Midzusashi** cylindrique en terre de Séto. Émail brun moucheté de noir.

821. **Vase** en terre grise à coulées d'émail brun et bleu.

822. **Cruche** en terre de Kioto ; émail blanc flammé vert, et décor de fleurs, de pins et de bambou.

823. **Bouteille** cylindrique en Satsuma. Décor de pivoines et de papillons.

824. **Grand vase** de forme balustre, à anses en forme de macarons à anneaux. Décor de chrysanthèmes et de pivoines.

825. **Vase** en terre recouverte d'émail vert craquelé.

826. **Grès de Bizen.** Personnage assis, tenant un makimono.

827. **Grand vase** de forme balustre en terre de Séto, avec trois mascarons têtes de chimères.

828. **Pot** en terre revêtue de coulées d'émail multicolores.

829. — bilobé entièrement recouvert d'émail noir avec décor de feuilles et d'attributs en réserves blanches.

830. — ovoïde, émail brun et bleu chiné.

831. **Porte-bouquet** cylindrique à pied évasé, coulée d'émail fauve sur fond brun.

832. **Bol** de Shigaraki, de couleur fauve avec des traînées d'émail vert.

833. — de Mishima, émaillé de gris.

834. — de Rakou, gris et rosé, signé Sóxou.

835. — de Haghi, émail gris craquelé, avec la silhouette du Fouji en émail ivoirin.

836. — de Karatsu, émail gris et rosé, que les tsha-jin appellent « aurore ».

837. **Brûle-parfums** de la fabrique de Kiyomidzu, émail gris craquelé avec des fleurs en émail vert ou bleu liséré d'or, ou découpées à jour.

838. Statuette en grès de Bizen. Hoteï accroupi.

839. Bol campanulé en terre recouverte d'un émail rosé craquelé, avec une bande d'émail brun clair en écharpe.

840. — en terre recouverte d'émail « clair de lune ».

841. Boîte à parfums par Kenzan. Pièce importante. Elle est de forme irrégulière et représente une prairie où serpente un ruisseau qu'ombrage un arbre en fleurs. Au-dessus, des nuages d'or devant lesquels vole un oiseau. L'intérieur du couvercle et de la boite sont enrichis de nuages bleu et or, et au verso une inscription : *Fait par* KENZAN, *potier solitaire de Kiôto, en Hôyei 2 (1705* .

ÉTOFFES

842. **Fouk'sa** en soie, brodé de deux grandes cigognes blanches, sur fond havane.

843. — en soie, orné sur fond d'un rouge discret de deux grues brodées en soie blanche près de tiges de bambou en or.
   Ce fouk'sa est taché. Pièce encadrée.

844. — en satin vert décoré d'un vieux prunier fleuri brodée en or et soie blanche.

845. — en satin bleu ciel brodé d'ornements divers en or et soies multi-colores.

846. — en soie crème brodée du sujet légendaire des deux vieillards.

847. — en satin vieux rose brodé de pivoines et de papillons.

848. — en satin bleu brodé en soie noire d'une branche de pin. Beau cachet brodé en soie rouge.

849. **Paire de grandes portières** en satin bleu marine uni garni d'effilés, avec encadrement de trois lambrequins en satin de même couleur brodé de divers sujets en soie jaune.

850. **Grand panneau** en largeur. Sur fond de soie crème oiseaux et pivoines brodés en or et soies.
   Belle pièce, avec encadrement velours bleu et effilés.

851. **Grand panneau** sur fond de toile crème, pivoines et oiseaux brodés en soie rouge et bleue.

852. **Paire de grandes portières** en soie tissée à sujets de personnages. Encadrements soie brochée.

853. —— en satin et lambrequin vieux rose pâle, brodé en soie bleue de dragons et de nuages.

854. *a*. **Grand panneau en largeur.** Satin gros bleu brodé en soie bleu clair d'un décor de bâtons rompus et d'un dragon en or.

    b. **Panneau en largeur.** Satin groseille, décor de personnages brodés.

855. *a*. **Grand lambrequin** à pendentifs. Fond satin gros bleu brodés d'un dragon d'or.

    b. **Etendard** en soie fond vert, brodé d'un dragon en soies multicolores.

    c. **Petit panneau** fond saumon brodé de dragons.

856. **Tapis carré** en soie brochée fond havane, avec broderies de couleur.

857. **Deux robes**; l'une brodée, l'autre brochée; un pantalon broché ton sur ton.

858. **Divers fragments**; petit tapis rose, fouk'sa. etc., etc.

DIVERS

859. **Garniture de fumeur.** Le porte-pipe et le sac à tabac sont en cuir noir chagriné. Le netsuké, un gros bouton d'ivoire uni, est retenu par une chaîne en argent à dix rangs de maillons. Le kanamono, en argent ciselé, représente la lutte d'un guerrier contre le dragon.

860. **Écran en cloisonné:** décor de chrysanthèmes et de rochers sur un fond bleu turquoise. Monture en bois de fer ajouré et sculpté.

861. **Meuble** en bois de fer à rayons, tiroirs et cabinets. Deux petites portes en bois sculpté, deux autres en laque frotté représentant les sept sages dans la forêt de bambous, avec encadrements de rinceaux en nacre. Les poignées des tiroirs sont en cloisonné.
Socle en bois de fer.

Hauteur : 1ᵐ,65. Largeur : 1ᵐ,05.

862. **Grand socle** en bois de fer sculpté avec dessus de marbre.

Hauteur : 0ᵐ,95.

863. **Socle** en bois de fer sur quatre pieds élevés en forme de tabouret.

Hauteur : 0ᵐ,40.

864. **Statuette** de philosophe chinois en pierre de larre brune. Petit socle en bois.

865. **Panneau** en pierre schisteuse sculptée en relief de feuilles et de fleurs de lotus.

865 *bis*. Objets divers.

PEINTURES

866. **Grand panneau** représentant, peint sur papier, un aigle en
grandeur naturelle, posé sur un rocher et les ailes éployées,
prêt à s'élancer dans l'espace.

A droite la signature : RAKOU-Ô.

Dimensions : 1m,50 × 1m,85.

867. **Deux panneaux** peints, montés sur châssis à fond doré, représentant chacun deux oies sous un arbre chargé de petits oiseaux.

Signature : TAXI BOUNTSHO.

Dimensions : 1m,70 × 0m,95.

868. **Série de seize panneaux** peints sur papier et montés sur
châssis à fond doré, représentant seize sujets différents de fleurs,
portant la signature de SOTATSU

Dimensions : 0m,64 × 1m,41.

869. **Série de neuf peintures** sur papier, à fond d'or, figurant les
représentations de danses à nombreux personnages dans le style
du Ghenrokou.

Deux de ces peintures sont encadrées.

870. **Deux peintures** sur papier, représentant dans le style de Hokusaï, l'une un bateleur qui porte son singe dans sa besace, l'autre
une paysanne chargée d'un fagot sur lequel elle a juché son enfant.

Ces deux peintures sont sous cadres.

871. Deux panneaux peints sur soie, représentant l'un des fleurs de cerisier, d'hortensia, de chrysanthème, et des feuilles d'érable, l'autre des chrysanthèmes en couleurs sous des bambous peints à l'encre de Chine.

> Dimensions : 1m,10 × 0,39 et 1m,15 × 74.

872. Grand paravent à six feuilles, représentant un vaste paysage de montagnes avec une ville au premier plan, avec de vastes constructions de temples, égayée de jardins et sillonnée de larges rues où circule une population animée.

> Hauteur : 1m,78.
> Ce paravent est avarié en plusieurs endroits.

873. Petit paravent à 6 feuilles, représentant des oiseaux dans des paysages fleuris. Le revers est en cuir gaufré.

> Hauteur : 1m,60.

874. Aquarelle sur soie, représentant une chatte et quatre chatons dans une corbeille. Sous cadre.

> *Signature* : HIROKATA

875. Deux peintures à l'encre de Chine sur bois, d'une exécution très délicate, représentant, l'une un paon, l'autre deux cailles.

> Sous verre.

876. *a*. Peinture sur papier, branche de fleur et petit oiseau. C'est le projet de décoration d'un vase, dont le profil est indiqué d'un trait d'encre de Chine.

> *b*. — Six peintures sur soie, collées au recto et au verso de trois cartons recouverts de papier doré.
>
> Enfants et pigeons sur les degrés d'un temple. — Paysage. — Fleurs. — Poissons. — Corbeille fleurie. — Paysage en grisaille.

877. Album contenant 60 peintures sur soie, d'une exécution très soignée, par divers artistes du commencement du xixe siècle. (Les signatures sont traduites en français au bas de chaque page.)

> Couverture en étoffe brodée. Dimensions : 0m,28 × 0m,31.

878. **Petit Album** contenant 13 dessins à l'encre de Chine, rehaussés de tons en couleurs. Ces dessins, exécutés sur papier mince. étaient destinés à la gravure.

La couverture porte le nom de HOKUSAÏ.

Dimensions : 18 × 0^m,14.

879. **Album**, contenant 74 peintures sur soie, collées sur un fond de papier à semis d'or. Sujets de fleurs, oiseaux, insectes. poissons, etc., d'une très jolie exécution.

Couverture en soie, à coins de métal ciselé et incrusté de corail.

880. **Deux albums** contenant une série de 400 copies. exécutées à l'encre de Chine et à l'aquarelle sur papier, de kakemono anciens célèbres.

Reliure à l'européenne, couverture en papier japonais doré et décoré.

881. **Deux albums** contenant 92 vues des paysages les plus remarquables du Japon Peintures sur soie. montées sur papier fort.

Couverture en soie brochée. Le nom des sites et traduit en français au bas des pages.

882. **Missel bouddhique** contenant, sur fond d'or. 40 enluminures rehaussées d'or, représentant des Bouddhas, des saints. des prêtres. Ce très curieux livre. qui provient d'un couvent, renferme de magnifiques échantillons de calligraphie et soixante fois la phrase sacramentelle : *Namu Amidabutsu*, en différentes écritures.

Couverture en bois laqué noir. Coffret en laque et sachet de soie.

883. **Album** contenant un grand nombre de dessins originaux. de croquis. d'études. des épreuves d'essai. des estampes et sourimonos. par divers artistes.

884. **Cahier de croquis** contenant en majeure partie des projets de décoration de gardes. Sur la dernière feuille on voit. rapidement tracé à larges coups de pinceau. le nom de *Ogata Hidénaga*.

885. *a.* **Onze bandes de soie** (1^m,30 0^m,30) portant des peintures qui représentent des scènes de la vie des philosophes. et des scènes populaires.

b. **Quatre aquarelles** représentant des sujets légendaires.

886. Peinture sur papier, représentant un homme occupé à peindre en noir le pied d'un torii. (Sujet d'une des planches du *Shashin gwafou.*)

887. Kakemono représentent un tigre.

Signature : TORËÏ.

Peinture reproduite dans l'*Art japonais.* t. I, p. 250.

888. —— représentant un renard blanc qui contemple la lune.

Signature :

889. Petit kakemono représentant un oiseau qui s'abat sur les flots. De l'école de KANO.

890. Kakemono représentant trois moineaux dans le millet.

Signature : MOTONOBOU.

891. —— représentant sept insectes divers dans les herbes peints chacun par un artiste différent.

892. —— représentant une carpe.

Signature : MORI-ITSHU.

893. —— Écureuil et fruits. (Encre de Chine.)

Cachet : MASSANOBOU.

894. —— représentant un corbeau perché sur un tronc neigeux.

Cachet : SANRAKOU.

895. —— représentant un singe et son petit, sur une pointe de rochers.

Signature : SOSEN.

896. —— Poissons dans un remous, un autre saute hors de l'eau.

Signature : TOKOHOU.

897. —— Milan perché sur une branche.

Attribué à KANO MASSANOBOU

898. **Kakemono.** Groupe nombreux de singes dépouillant un arbre de kaki.

899. — Passereau posé sur une branche fleurie.
Signature : MOTONOBOU.

900. — Rat rongeant une plume.
Signature : OKIO.

901. — Aigle (peinture chinoise).
Signature : SIII DIAN TSU TSÉ.

902. — Vol d'oies au-dessus d'arbres en fleurs dans des nuages d'or.
Signature : HIROYOSIII.

903. — Études d'oiseaux divers.

904. **Paire de kakemono.** Aigle pillant une grue.
Aigle chassant des canards.
Signature : KEISIIOKI.

905. **Paire de kakemono.** Paysage montagneux.
Cascade (reproduit dans l'*Art Japonais*, t. I, p. 256).
Signature : BOUNTSIIO.

906. **Paire de kakemono** de style chinois représentant des paysages rocheux.
Signature : KABUTSU.

907. **Quatre kakemono.** Dharma.
Signature : TANYU.
Deux paysans.
Signature : MOTONOBOU.
Les sept dieux du bonheur.
Signature : TSUNÉNOBOU.
Scènes de poètes chinois.

908. Quatre kakemono. Lapin blanc.
Signature : KEISEN.

Deux moineaux sur un tronc de magnolia.
Signature : TADATADSU.

Le Shoki.
Signature : GENSHIKI.

Oiseaux et feuillages.
Signature : NINSÉ.

909. Quatre — Echassiers sous un lotus. .
Signature : YEISHING.

Paysage neigeux.
Signature : BAUTSU.

Canard sous des fleurs.

Aigle blanc près d'une cascade.
Signature : SETSUO.

910. Quatre — Oies sauvages près des flots.
Signature : NAMPING.

Canards et petits oiseaux.

Deux oiseaux, dont l'un avale une sauterelle.

Oiseaux sur une branche de prunier.
Signature : TIKOUAN.

911. Quatre — Hirondelles.
Signature : HENKISHIO.

Deux oiseaux à tête blanche, perchés sur une branche d'arbre.

Nombreuses grues près d'une rivière.
Signature : NAMPING.

Grues blanches.
Signature : KOSANG.

912. Quatre kakemono. Bishamon et son cerf.
Signature : SETZU-RAN.

Hirondelles
Signature : SEPPO.

Hirondelles près d'une draperie blanche.
Signature : MITSUSADA.

Oiseau sur une branche de magnolia.
Signature TEDOSEN.

913. Quatre — Paysage d'hiver.
Signature : TANGAKOU.

Oiseaux sur un érable.
Signature : OKIO.

Chevaux en liberté.
Signature : TANGAKOU.

Paysage de montagnes.
Signature : HENSANG.

914. Quatre — Paysage d'hiver. la nuit.

Aigle.
Signature : NAMPING.

Les cent tortues.
Signature : NANDEI.

Les cinquante oiseaux.
Signature : RAISHO.

915. Quatre — Grue blanche près d'un plant de pivoines fleuries.
Signature : KAKUSEN.

Dindons.
Signature : TADATOSHI.

Pivoines et magnolias.
Signature : HOKAI.

Grues blanches.
Signature : TSHINKO.

916. Quatre kakemono. Deux chats.
Signature : SHINTOKO.

Casque.
Signature : SHIUNTO.

Cerf et biche au bord d'un ruisseau.
Signature : JOOSAN.

Perroquet sur une branche fleurie.
Signature : KOGAKU.

917. Quatre — Faisans.
Signature : SHINTEROU.

Paysage.
Signature : SEISING.

Bambou.
Signature : ITSHO.

Pêcheur.
Signature : HOKUSAI.

918. Quatre — Oiseaux et fleurs.
Signature : SHOKOZAN.

Oiseaux et prunier fleuri.
Signature : KENKO.

Nombreux oiseaux sous des lotus.
Signature : OUNTAN.

Torrent et érable.

IMPRIMÉS

ALBUMS

919. **Sei-rô bijin awacé sougata Kagami.** *Miroir des beautés de la Maison verte.*

Célèbre ouvrage de KATSUKAWA SHUNSHO et KITAO SHIGHÉMASSA, d'un tirage de tout premier ordre. Édition complète (17 planches en 3 volumes in-4° réunis sous une reliure européenne en maroquin plein, dorure en tête.

Yédo, 1776.

920. **Yakusha Nigao.** Portraits d'acteurs, par KATSUKAWA SHUNSHO et BOUNTSHO.

Ouvrage in-4° imprimé en couleur, d'un remarquable tirage, formé de deux volumes réunis contenant 80 planches qui représentent des portraits d'acteurs sur un fond en forme d'éventail.

Yédo, 1770.

Reliure européenne en maroquin plein, doré en tête.

921. **Album** contenant 24 portraits d'acteurs; impressions en couleur d'une belle qualité, par KATSUKAWA SHUNKÔ et autres artistes.

922. **Album** grand in-4° en largeur contenant la célèbre série des poissons de HIROSHIGHÉ. 12 planches en beau tirage.

Environ 1830.

923. **Yédo Meisho hiakkei.** *Cent vues d'Yédo.* Album complet en 118 planches imprimées en couleurs, par Hiroshighé.

924. **Album** de 34 planches en couleurs représentant des héros légendaires, par Kouniyoshi, des figures de femmes par Kounisada, etc.

925. **Grand album** par Kouniyoshi, contenant 74 planches représentant les Rônins, suivies de cinq triptyques où se déroulent les diverses scènes de la célèbre épopée. L'album se complète par dix gravures de femmes du même artiste.

926. **Album** de 75 planches en couleurs, d'auteurs différents.

927. **Album** contenant 12 planches en couleurs, par Yoshiterou.

      Reliure européenne.

LIVRES

928. **Scènes de nouvelle année,** d'un prince, par Kiyonaga. Livre contenant 7 doubles pages en couleurs d'un tirage hors ligne.

      Très rare. Jamais ce rare et célèbre volume connu jusqu'à présent par nos amateurs sous la dénomination de l'*Éducation d'un prince* n'a été offert dans un état aussi parfait.

929. **Mangwa** de Hokusaï en 14 volumes.

      Exemplaire complet.

930. **Armorial** en deux volumes et un supplément, petit in-12 contenant la reproduction de nombreux blasons.

931. **Zenken Kojitsu.** Portraits des hommes célèbres du Japon, par Yosaï.

      10 parties, formant 2 vol. in-8, 1810.

932. **Nippon meizan dzuyé.** Montagnes célèbres du Japon.

> 3 vol. in-8, 1810,

933. **Yédo meisho dzuyé.** Vues célèbres de Yedo.

> 6 vol. in-8°, 1837.

934. **Toto zaïkiyé.** Les fêtes de Yédo, par SETTAN.

> 5 vol in-8°, 1838.

935. **Fuga kuhiakkei.** Cent vues du Fouji. par HOKUSAI.

> Ouvrage complet en trois volumes in-8°, avec un argument en anglais, donnant l'explication des planches.

936. **Deux volumes** du même ouvrage (tomes I et III). Un volume du HOKUSAI GWAFOU (tome I°).

937. **Trésors du temple d'Itsukoushima**

> 10 vol. in-8°.

938. **Setsu meisho dzuyé.** Beautés de la province de Setsu. par SHUNTSHOSAI.

> 12 vol. in-8°, 1787.

939. **Konsho gunkiko giyoku.** Traité sur les armures.

> 3 vol. in-8°. 1801.

940. **Tokaido.** Ouvrage complet en deux volumes réunis en un seul. Impression, en couleurs. par HOKUSAI.

941. **Les casques.** Ouvrage en deux volumes, contenant des modèles de casques et accessoires d'armures.

942. **Encyclopédie universelle.** Deux gros volumes illustrés. Deux volumes.

943. **Un volume petit in-12** contenant 21 pages illustrées en couleurs de l'histoire des Ronins, par KOUNIYOSHI.

> Poésies illustrées sur les Héros anciens et modernes. Par SADAHIDÉ, 1850.

944. Fleurs et oiseaux.
Trois volumes in-8°, imprimés en couleurs, par Baïlei.

945. Paysages.
Un volume in-8° imprimé en noir, par Rinsaï.

946. Modèles pour ciseleurs.
Cinq petits volumes in-16 en largeur, par Issaï.

947. Ouvrages divers.

ESTAMPES

PRIMITIFS

948. Deux estampes coloriées à la main, représentant l'une une
rixe dans la rue. l'autre une scène de danse dans un intérieur.
Vers 1675.

ECOLE DES TORI-I

949. Trois estampes coloriées à la main, représentant des acteurs.

SOUZOUKI HARUNOBOU
1765

950. Estampe. Scène d'intérieur.

TORI-I KIYONAGA
1770

951. Deux estampes. Vieillard, jeune homme et deux jeunes femmes.
— Deux jeunes femmes, suivante et jeune garçon.

ISODA KORIUSAI
1770

952. **Estampe.** Causerie de deux jeunes femmes.

KATSUKAWA SHUNKO
1780

953. **Estampe.** Deux acteurs.

OUTAGAWA TOYOKOUNI
1790

954. **Triptyque.** Divertissements dans la neige.

KATSUKAWA SHUNTSHO
1790

955. **Deux estampes.** Trois jeunes femmes et un jeune garçon. —
Scène de la rue du yoshiwara.

956. **Triptyque.** Réunion sur une terrasse.

KATSUKAWA SHUNZAN
1790

957. **Trois estampes.** Divertissement au bord de l'eau.
Promenade sur la grève.
Trois femmes sur une terrasse (estampe encadrée).

KOUBO SHUNMAN
1790

958. **Estampe.** Lavandières.

KATSUKAWA SHUNSEN
1800

959. **Estampe.** Fumeurs.

HOSOÏ YEISHI

1790

960. Cinq estampes. Courtisane et deux suivantes.
Promenade en bateau.
Trois jeunes femmes et fillette.
Courtisane et deux suivantes.
Sous les pruniers en fleurs.

961. Cinq estampes. Jeunes femmes au bord de l'eau.
Promenade d'un jeune seigneur.
Jeunes femmes et fillettes près d'un plant de pivoines.
Jeune prince en blanc sous un érable.
Promenade dans l'eau.

962. Estampe. Promenade sous les cerisiers en fleurs.

963. Triptyque. Grande scène animée sur la plage.

YENSHI

1800

964. Estampe. Sur une terrasse.

GOKIYO

1800

965. Deux estampes. Promenade dans la neige.
Promenade sous les cerisiers en fleurs.

REIKISENTEI YEIRI

1800

966. Estampe. Jeune poétesse sur une terrasse au bord de l'eau.

KITAGAWA OUTAMARO
1800

967. Cinq estampes. Le repos des dévideuses.
Femmes et enfants au bord de la mer.
Promenade en kango
L'heure du thé.
Jeune couple et enfant.
Seront vendues séparément.

968. Cinq estampes encadrées). Courtisane et sa servante.
Marchand ambulant.
Groupe de guéshas déguisées en jeunes garçons.
Courtisane et son coiffeur.
L'indiscrète.
Seront vendues séparément.

969. Six estampes. Mère nourrice.
Deux jeunes femmes et fillette.
Partie de pêche.
Dame en voyage, arrêtée devant l'île de Yénoshima.
Marchands d'éventails.
Jeune homme et guésha.

970. Diptyque. Princesse en promenade.

971. Triptyque. Promenade en kango

972. — Les dieux du bonheur, représentés par des enfants.

KIKOUMARO
1810

973. Diptyque : Peinture d'un écran.

HIDÉMARO
1810

974. Estampe. Courtisane et suivantes.

SHIKIMARO
1810

975. **Estampe.** Courtisane.

TSHOKI
1810

976. **Estampe.** Jeune couple.

KATSUSHIKA HOKUSAI
1760-1849

977. **Deux estampes** des trente-six vues du Fouji.

YEIZAN
1820

978. **Deux estampes.** Deux jeunes femmes et fillette.
Deux gueshas.

979. **Deux diptyques.** Courtisanes en promenade.
Groupe de courtisanes.

OUTAGAWA KOUNISADA
1825

980. **Diptyque.** Passage d'un gué.

981. **Trois Estampes.** Ronins.

982. **Estampe.** Sortie nocturne dans la neige.

ITSHIRIUSAI HIROSHIGHÉ
1825

983. **Trente-six estampes** de la série des 53 stations du Tokaïdo,
(en largeur).
Epreuves provenant de la collection de M. Sherard Osborne.

984. **Trente-sept estampes** de la série des 53 stations du Tokaïdo.
en hauteur.
Même origine que le lot précédent.

985. **Vingt-une estampes** de la série des soixante vues célèbres du Japon, et cinq planches du Yedo Meisho (en largeur).
Même origine que les lots précédents.

YEISHIN
1830

986. **Estampe.** Portrait d'un géant.

YOSHIHIKOU
1860

987. **Estampe.** Silhouette d'un fumeur.

SOURIMONO

Un certain nombre de ces lots seront divisés.)

HOKUSAI

988. **Cinquante-neuf sourimono** formant la série complète du petit Tokaïdo, format en largeur.
Beau tirage et conservation parfaite.

989. **Sourimono.** Promenade à dos de buffle, au bord de la mer.

990. **—** Voyageurs et porteur de ballots sur la route. Tirage très fin et en parfait état de conservation.

991. **Dix sourimono.** Sujets de personnages.

992. **Douze** — —

993. **Seize** — —

994. **Quinze** — —

995. **Seize sourimono.** Sujets de personnages et d'oiseaux.

996. **Seize** — —

997. **Neuf** — Sujets divers.

998. **Vingt-deux sourimono.** —

999. **Dix** — —

> (réunis en un album). Trois de ces pièces font partie de la fameuse série à la coquille.

HOKKEI

1000. **Seize sourimono.** Sujets de personnages.

1001. **Onze** — Paysages, animaux, sujets divers.

1002. **Deux** — Paysages.

HOKOUBA

1003. **Vingt-quatre sourimono.** Sujets divers.

HOKOUGA

1004. **Neuf sourimono.** —

ÉLÈVES DE HOKUSAI

1005. **Deux sourimono.** —

SHINSAÏ

1006. Vingt et un sourimono.   Sujets divers.

1007. Seize   —   —

1008. Seize sourimono.   ...

1009. Dix-sept   —   —

SHINMAN

1010. Dix-neuf sourimono.   —

KEISAI YEISEN

1011. Sept sourimono.   --

KOUNISADA

1012. Sept sourimono.   —

GAKUTEI

1013. Six sourimono.   —

ZÉSHIN

1014. Trois sourimono.

DIVERS

(Les signatures sont traduites sur le bristol.)

1015. Vingt sourimono.   Sujets divers.

1016. Dix-huit   —   —

1017. **Dix-huit sourimono.**   Sujets divers.

1018. **Dix-neuf** —   —

1019. **Cinq** estampes diverses en largeur   —

OUVRAGES EUROPÉENS SUR LE JAPON

Histoire, géographie, ethnographie, voyages.

1020. *Le Nippon,* par F. de SIEBOLD. Leyde, 1852.
   Ouvrage complet en 7 volumes in-folio, réunis en deux tomes reliés, texte allemand.

1021. *Histoire du Japon,* par KAEMPFER.
   Ouvrage en deux volumes, in-folio reliés ; nombreuses planches hors texte.
   Traduction française. La Haye, 1729.

1022. *L'Empire japonais,* par LÉON METCHNIKOFF.
   1 vol., Genève, 1881.

1023. *Le Japon pittoresque,* par MAURICE DUBARD.
   1 vol., Paris, 1879.

1024. *Ambassades* de la Compagnie des Indes au Japon.
   2 vol. in-10. Leyde, 1684.

1025. *Astrologia giapponese,* par ANTELMO SEVERINI.

1026. *Illustrations of Japan,* par M. TITSINGH.

1027. *Manners and customs of the Japanese,* par AIMÉ HUMBERT.
   1 vol. in-4°.

1028. *Ethnographie des peuples étrangers à la Chine.*
1 vol. in-8. Traduit par M. le marquis d'Hervey de Saint-Denis.

1029. *Japan. — Travels and researches,* par J.-J. REIN.
1 vol. petit in-4°.

1030. *Japan,* par WALTER DICKSON.
1 vol. in-8°.

1031. *Unbeaten tracks in Japan,* par MISS ISABELLA BIRD.
2 vol. in-8°.

1032. *Japan,* E.-J. REED.
2 vol. in-8°.

Art, industrie, etc.

1033. *A grammar of japanese ornament and design,* par THOMAS W. CUTLER.
1 vol. grand in-4°

1034. *The industries of Japan,* par J.-J. REIN.
1 vol. in-8°

1035. *Japanese Marks and Signs,* par JAMES LORD BOWES.
1 vol. in-8

1036. *Catalogue of the japanese and chinese paintings of the British Museum.*

1037. *Art and Art industries in Japan,* par Sir RUTHERFORD ALCOCK.
1 vol. in-12

1038. *L'Art japonais,* par LOUIS GONSE.
1 vol. in-12

1039. *Le Japon Artistique,* édition complète, en six volumes reliés.

1040. *Le Japon Artistique.* Livraisons I à XII sur japon. Livraisons
XIX à XXXVI, édition ordinaire, incomplètes.

1041. *Japan and its Art,* par MARCUS B. HUISH.
1 vol. in-12.

Littérature.

1042. *The loyal league.* (Histoire des 47 Ronins). trad. en anglais par FRE-
DERICK V. DICKINS.
1 vol. in-12.

1043. *Tales of old Japan,* par A.-B. MITFORD.

1044. *Japanese Odes,* trad. en anglais par F. V. DICKINS.
Komatsu et Sakitsi, trad. en français par F. TURRETTINI.

TABLE DES MATIÈRES

ORDRE DES VACATIONS

Jeudi 17	Armes — Gardes de Sabre — Anneaux et Bouts de Sabre.
Vendredi 18	Gardes — Kodzuka — Laques et Inrô — Peignes — Masques.
Samedi 19	Gardes — Objets en Fer — Bronzes — Kanamono — Netsuké Okimono — Etoffes Objets divers.
Lundi 21	Céramique — Peintures — Estampes — Albums — Livres.

Les gardes seront rendues au commencement des vacations.

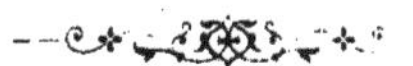